ビタミンC点滴と断糖療法で
ガンが消える!

西脇俊二
Nishiwaki Shunji

JN203695

ベスト新書
594

まえがき

拙著『ビタミンC点滴と断糖《だんとう》療法でガンが消える！』（2014年、KKベストセラーズ）が世に出てから4年。こうして新書版を刊行することになり、嬉《うれ》しく思っています。

僕は、東京・目黒にある小さなクリニックの院長をしています。内科・診療内科の一般診療に加え、さまざまな疾患《しっかん》や心身の不調に応じた代替《だいたい》医療を提供するクリニックです。

本を出す前は、ガンの患者さんは口コミで来られる方《かた》ばかりだったのですが、出版後は、ひっきりなしに電話が鳴り、すぐに3か月先まで予約がいっぱいになりました。日本全国、さらには中国、タイ、モンゴル、アメリカなど、海外から患者さんが来ることもありました。おかげさまで、今も読者様からの反響が絶《た》えない状況となっています。

もともと当院のガン患者さんは、さまざまな治療法を試した末《すえ》に来院される末期ガンの方が主《しゅ》でした。しかし、拙著の出版を機《き》に、初期段階で来られる方がずいぶん増えました。

そもそも僕が本を出そうと思ったのは、来院するのが遅《おそ》すぎて助からなかった方をおおぜい見てきたからです。もちろん、治療が奏功《そうこう》する方も多いのですが、あまりにガンが進行していて、間に合わない方も少なくない。そこで、「僕たちが行《おこな》っていることを、必要な人たちに必要なタイミングで知ってもらうべきだ」という思いから、4年前に出版を決意したのです。

結果、拙著は大きな反響を呼び、「超高濃度ビタミンC点滴」と「断糖療法」の組み合わせが以前より知られるようになりました。この二つの治療法をガンの初期段階から開始される方が増えたことは、本当に良かったと思います。

4年の間には、クリニックのガン治療にも変化がありました。たとえば、血液中のCTC（Circulating Tumor Cell：循環腫瘍細胞《じゅんかんしゅようさいぼう》）を調べる「CTC検査」を行うようになりました。ガン細胞の数によって発症を確認できる検査ですが、それだけではありません。そのガンにはどの抗ガン剤が効《き》くのか、放射線や温熱療法は効果があるのか、あるいはどのサプリメントが効くのかといったことまで、高い精度でわかるのです。

CTC検査では、超高濃度ビタミンC点滴が効くかどうかもわかります。これまで約40

人を検査したところ、「ビタミンCが効かない」という結果は1人だけでした。逆に言えば、それ以外の39人のガンには、ビタミンCが有効だったということです。

超高濃度ビタミンC点滴のガンマーカーの減少率は、1回で10〜55％くらい。40％であれば、よく効く抗ガン剤の半分程度です。ビタミンCが効かないガンもあるけれど、ほとんどの場合はガンに有効だということが、改めてはっきりしたわけです。

もう一つの柱、「断糖療法」に関しては、世間の受け止め方が大きく変わってきたと感じます。糖質制限ダイエットが浸透したこと、糖質の弊害《へいがい》が知られるようになってきたことで、糖質オフの食事に抵抗感がなくなってきているのです。

とはいえ、世の中のみなさんが実践している「糖質制限」は、ガン治療としては不十分です。ガン細胞を減らすためには、「ご飯を半分にする」などというレベルではなく、糖質を徹底的にカットしなければ意味がありません。この食事療法を続けられず、ガンを再発・悪化させてしまう患者さんもよくいます。

実は、僕のクリニックには、ガンの専門医やそのご家族も少なからず通ってきます。超高濃度ビタミンCと断糖の組み合わせが良いことはわかっているので、ガンが発覚すると来院するのですが、断糖の食事をなかなか徹底《てってい》できません。

ガンの治療では、食事療法をきちんと守ることが非常に重要です。本書では、私が実践している断糖メニューや続けるポイントなどを紹介しているので、ぜひ参考にしていただきたいと思います。

この治療法を支持してくれる医師がいる一方で、批判する医師もいます。「ガンの代替療法」というだけで、「うさんくさい」と思う人も、まだまだ多いのが現状です。

僕は、理論がわかりやすくて結果が出ているものなら、代替医療であろうとなかろうと、どんどん取り入れる主義です。ましてや、ビタミンCと断糖は副作用がなく、安価です。断糖は食事療法なので、食費しかかかりません。超高濃度ビタミンC点滴の料金は、医療機関によってまちまちですが、当院では自宅でできる半額ほどのキットも用意しています。お金がそれほどかからなくて、副作用がなくて、そこそこ結果が出ているなら、十分取り入れる価値があると僕は思います。

さらに言えば、抗ガン剤治療をしている人は、超高濃度ビタミンC点滴を組み合わせることでＱＯＬ（Quality Of Life：生活の質）を保《たも》てます。ビタミンCが抗ガン剤の副作用を抑制《よくせい》してくれるから、療養生活が格段に楽《らく》になるのです。また、断糖療法はガンだけでなく、糖尿病やリウマチなど、実《じつ》に多くの疾患《しっかん》の予防にもつながります。

実際、超高濃度ビタミンC点滴と断糖療法をきっちり行っている患者さんは、ガンが成長せず、余命宣告をはるかに超《こ》えても普通に生活している方が多いです。なかには、余命数か月と言われて治療を始《はじ》め、ガンが消えてしまった方もいます。

これらのことを、僕はもっと多くの人に知っていただきたい。そして、ガンを発症したからといってあきらめず、今日を精一杯生きることを楽しんでいただきたいと思います。

今回の新書化が、その一助になればと願っています。

2018年11月26日

ハタイクリニック院長　西脇俊二

ビタミンC点滴と断糖療法で**ガンが消える！**

目次

まえがき　3

第1章　末期ガンも完治した！　奇跡の治療レポート

全国からガン患者が集まる小さなクリニック　20
精神科医の僕が、ガン治療を始めるまで　22
余命3か月の女性が5か月で完治した！　24
研修医時代、代替医療の効果に開眼　27
余命6か月の末期の胃ガンを治療する　29
週1回の点滴と断糖でガンがほぼ消えた！　31
精神科医だからできた斬新な発想　33
問題山積の障害児施設に自ら志願　34
「とんでもない施設」を最高の場所に変えた　37
「声を失う」と言われた下咽頭ガン患者　40

「遠距離治療」で声帯を取らずに完治　42
両親の死後、考え続けた「ガンを治す方法」　44
初期の卵巣ガンがたった29回の点滴で消えた！　46
上顎洞ガンが2か月半で3分の1に　49

第2章　なぜビタミンC点滴が「ガンを殺す」のか？

ビタミンC点滴の受難の歴史　56
ビタミンCは「ガン細胞を殺す」　58
「3大治療」との混合診療は不可　62
ビタミンC点滴の普及を阻む存在とは？　64
私とビタミンC点滴との出会い　66
知られざるビタミンCの抗ガンパワー　68
「超」高濃度ビタミンC点滴の実際　70

進行ガンなら週3回以上の点滴を　73
ビタミンCサプリメントの悲しい真実　75
ガン治療は、費用対効果で選ぶ　78
抗ガン剤の副作用も緩和する　80
僕の医療哲学は、「治ればなんでもいい」　83
西洋医学は、全然病気を治していない　85
ビタミンCだけでは、ガンは治らない　89
ビタミンC点滴の効果は、断糖があってこそ　91

第3章　ガンを治したければ、糖を断て！

ガンは「糖質」を食べて増殖する　96
断糖療法の第一人者に学ぶ　98
「糖質は人体に必要なエネルギー」ではない？　99

3大栄養素の炭水化物が「必須」でない理由 101
炭水化物を余らせている現代人 104
運動しても、糖質のせいでやせられない？ 106
糖質をとると、やる気が出なくなる 107
ご飯がキライだった子ども時代 109
これが僕の断糖メニュー 111
断糖食の特徴は、ずばり「肉が主食」 114
「糖質制限は危険」という誤解 117
野菜と果物の糖質にも注意 119
ガン患者の糖質摂取量は「1日5g」まで 121
人間はもともと肉食動物だった 125
肉しか食べないイヌイットが元気な理由 127
コレステロールのリスクは、断糖で減らせる 130
「1日30品目」に根拠はなし 132

油断大敵！　調味料にも糖質が……　134
お酒やお茶は、何を飲む？　137
なぜ「減糖」ではなく「断糖」なのか　139
断糖をやめた患者さんの末路　142
「ちょっとだけなら」が命取りに　143
断糖中でも食べられる食品いろいろ　146
断糖で作る欧風料理　149
どうしても断糖を続けられないあなたへ　161
僕の夢は、断糖施設付きクリニック　163

第4章　「ガン」だけじゃない！
ビタミンC点滴と断糖で健康になる

「まるで万能薬」のビタミンC点滴　166

人間はビタミンCを体内合成できない　167
風邪・インフルエンザなどの感染症に　169
アトピー性皮膚炎に　171
関節リウマチの症状緩和に　172
C型肝炎など炎症の鎮静化に　174
潰瘍性大腸炎に　176
抗ガン剤で失った髪の再生に　177
アンチエイジングに　178
スポーツや仕事の疲労回復に　180
糖尿病に　182
心筋梗塞・脳梗塞に　183
高血圧に　185
痛風に　187
「こころの病気」や抑うつ傾向に　189

パニック障害に 192
発達障害やキレやすい子どもに 194
3か月でマイナス17kg！ 僕の断糖ダイエット 196

第5章 ガンにならない食べ方、考え方

現代人は「消化力」が弱っている 202
消化力が落ちると「オージャス」が失われる 204
消化しきれないと「アーマ」が溜まる 206
ガンを防ぐには、消化力を高めよう 207
体を冷やすと消化力が落ちる 209
消化力を上げる食べ物とは 210
食欲がないときは、食べない 212
断糖すれば、消化力が上がる 214

「情報の消化力」も高めよう　216
情報に振り回されないために　218
ストレスをなくして、ガンを遠ざけよう　221
プラス思考のコツは「期待しないこと」　222
大切なのは「ガンを治したらどうしたいか」　225
ガン患者こそ、明るく生きよう！　227

カバー・帯写真　鈴木克典

第1章
末期ガンも完治した！　奇跡の治療レポート

全国からガン患者が集まる小さなクリニック

その日、診察室に入ってきた年配の男性を見た瞬間、僕は悟《さと》りました。

「あ！　末期ガンの人だ……」

その男性、Aさんは70歳（当時。以下同）。顔色はどす黒くくすんで肌はカサカサ。髪はまばらで頭皮がところどころむけていました。

見るからに生命力が衰《おとろ》えている患者さんではありましたが、決め手は「臭《にお》い」でした。末期ガンの人からは、何かが腐《くさ》ったような臭いが足元から立ちのぼってくると言われています。

実際、Aさんはある総合病院で余命6か月と診断された末期の胃ガン患者でした。

しかし、この日から3か月後、Aさんのガンはほぼ消え去ることになります。僕のクリニックで「超高濃度ビタミンC点滴」を受け、「断糖食事療法」を実践《じっせん》したからです。

僕は、東京都目黒区にあるハタイクリニックの院長です。診療科目として看板に掲《かか》げているのは、「内科・心療内科」。風邪《かぜ》をひいた近所の人も訪れる、住宅街の小さなクリニックです。

しかし、このクリニックは一般の内科医院とはちょっと違《ちが》います。患者さんの多くは、他の病院では治らなかった難病を抱《かか》えた人。しかも、北海道や沖縄など、遠方から泊まりがけで来る人もおおぜいいます。

ここハタイクリニックは、１９８６年に開設された日本初のアーユルヴェーダ治療院です。先代の院長・幡井勉《はたいべん》先生の時代から、アーユルヴェーダを中心に、漢方などの代替医療と西洋医学を組み合わせた統合医療を提供するクリニックとして、日本では知る人ぞ知る存在です。

２００９年に僕が院長職を継《つ》いでからは、ガンの患者さんも増えてきました。そのほとんどは、Ａさんのような末期ガンの人です。ガン治療を行っていることは特に宣伝していないのですが、口コミでこんな噂《うわさ》が広まっているのだと聞きました。

「東京の目黒に、副作用のない日本で唯一《ゆいいつ》の治療をするクリニックがあり、末期ガンが完治しているらしい」と。

Ａさんも、そんな噂を聞きつけて、その日僕のところへやってきたのです。Ａさんの末期ガンがどのように消えていったのか。

そのお話をする前に、僕がガン治療に携《たずさ》わったきっかけからご紹介していきましょう。

精神科医の僕が、ガン治療を始めるまで

僕が初めて超高濃度ビタミンC点滴と断糖によるガン治療を行ったのは、2007年、東京都足立区の精神病院に勤《つと》めていたときのことです。

実は、ハタイクリニックの院長になるまで、僕は精神科の勤務医でした。

「どうして精神科のお医者さんが、ガンの治療をやっているの？」

と思われるでしょうね。自分でも、まさか精神病院でガン治療をすることになるとは思ってもみませんでした。

その病院の隣《となり》には、同系列の介護施設があります。その施設の女性職員Bさんが、あるときお腹が痛いので大学病院を受診したそうです。すると、末期の子宮体ガンが発覚したのです。

ガンはすでに肺に転移しており、余命3か月と告げられました。Bさんは31歳で、新婚

です。Bさんのご主人も同じ施設で働いていました。2人を知る施設の同僚たちや、うちの病院のスタッフたちは、一様にショックを受けていました。

そんななか、Bさんと、私の親しい同僚である内科の女性医師が、たまたま仲良しだったことから、思いがけないチャンスが訪れました。女性内科医が血相を変えて僕のところへ飛んできて、こう言ったのです。

「西脇先生、たしか前に『炭水化物を抜いて、ビタミンC点滴をやれば、ガンが治《なお》るんじゃないか』って言ってたわよね？」

たしかに、一緒《いっしょ》に飲みに行ったとき、そんな話をした覚えがあります。そのとき彼女は、「なに言ってんのよ」と聞き流していたのですが、Bさんが末期ガンだと知って、にわかに思い出したのでしょう。僕にその治療をやってほしい、と頼んできたのです。

僕は精神科医ですから、ガン治療はまったくの門外漢《もんがいかん》です。今思えば、とんでもなく無茶な話としか言いようがありません。

しかし、この治療法には副作用がないのだから、やるだけやってみて損《そん》はない。前々から考えていた理想の治療法をやるべきではないか……そう思って、僕はその女性医師とともにガンの治療を行うことにしました。

精神病院でガン患者を治療する。しかも精神科医が、前代未聞の治療法で……異例づくしのチャレンジは、いろいろな条件が奇跡的にそろったことからスタートしました。

余命3か月の女性が5か月で完治した！

僕は「点滴療法研究会」が行っている超高濃度ビタミンC点滴の講習を何回も受けており、認定医の資格をもっていました。とはいえ、実際に患者さんにビタミンC点滴を行うのは初めてです。そこで、まず知り合いの美容皮膚科医に頼んで、ビタミンC点滴のやり方を教えてもらいました。ビタミンC点滴は、美容目的の治療にはよく用《もち》いられているのです。

病院内には、Bさんのための点滴スペースが設けられ、いよいよ超高濃度ビタミンC点滴を開始しました。100gのビタミンCを1時間かけて体内に入れる点滴を、1か月で25日間。大学病院で抗ガン剤を投与される5日間を除《のぞ》いて毎日行いました。

同時に、Bさんには食事を「断糖」に切り替えてもらいました。ご飯や根菜、果物やお

Bさんの腫瘍マーカー推移

腫瘍マーカー	基準値	2月2日	2月26日	4月9日	5月15日	6月18日	7月10日	9月3日
CA19-9	37.0以下	86.7	107.0	120.0	15.3	8.9	8.1	7.7
CA125	35.0以下	127.0	60.9	14.2	8.1	6.9	7.0	6.6

（単位はU/mℓ）

菓子など、糖質を含む食品を断ってもらったのです。

若い夫婦なので、本当なら毎日ビタミンC点滴を受けるのは経済的に厳しいはずでした。でも、例の女性医師が援助するなどして、理想的な回数を受けてもらうことができました。

何より幸運だったのは、病院が治療を許可してくれたことです。理事長が女性で、かつて自身もガンを患《わずら》ったことがあるからでしょうか。こんな前例のない取り組みに、暖《あたた》かい理解を示してくれました。

2か月後、大学病院での画像検査の結果では、転移が認められていた肺のガンがきれいに消えていました。僕たちは、「これはいけるんじゃないか」と期待感に湧きました。

さらに3か月後（治療開始から5か月後）の検査では、なんとすべてのガンがなくなっていました。CA19-9とCA125という子宮体ガンの腫瘍マーカーの値《あたい》は、治療前にそれぞれ86・7（CA19-9）、127・0（CA125）［2月2日］だったのが、5か月後には正常値（C

A19-9：37・0以下、CA125：35・0以下）の、それぞれ8・1（CA19-9）、7・0（CA125）［7月10日］にまで減少。CT等の画像診断でも子宮や肺の腫瘍は消えていました。そう、余命3か月と言われたBさんは、5か月で完治してしまったのです。

このときのBさん、そしてご主人の喜びようは忘れられません。僕も、自分がずっと温めてきた治療法で、一人の女性を救えたことに感無量でした。と同時に、

「これほど早く結果が出るなんて……！」と驚き、興奮を抑《おさ》えられませんでした。

一方、某大学病院のBさんの主治医は、この結果をあまり歓迎していなかったそうです。何しろ、自分が余命3か月と診断した患者が、わけのわからない代替療法によって完治してしまったのですから。病院側としては、立つ瀬がなかったのでしょう。

Bさんは、その後ビタミンC点滴の回数を徐々《じょじょ》に減《へ》らしていき、現在は月2回、25gの点滴を受けるだけとなっています。食事は、もう断糖ではなく普通に戻《もど》しています。余命3か月という絶望的な状況にいたのが嘘《うそ》のように、元気に介護施設で働いています。

このBさんが、僕がガンの治療をした第1号の患者さんです。予想をはるかに超える成果が出たことで、僕は確信しました。

「高濃度ビタミンC点滴と断糖の組み合わせは、やっぱりガンを治せるんだ」と。

研修医時代、代替医療の効果に開眼

僕がビタミンC点滴療法と断糖療法に出会ったきっかけは、今から25年ほど前、精神科医の卵として働き始めたころにさかのぼります。

僕は学生時代からひどい鼻炎もちで、研修医になってからも鼻が詰《つ》まってボーッとするのに悩《なや》まされていました。普通の鼻炎薬を飲んでも喉《のど》が渇《かわ》くだけで治らないし、点鼻薬を使うと一瞬鼻詰まりがよくなっても、すぐにますますひどくなる。どうしたらいいのかわからないまま、あるとき試《ため》しに漢方薬を飲んでみました。

すると、たった3日で鼻がスーッと通るようになったのです。漢方薬というものは、長期間服用しなければ効果が出ないと思っていたのですが、実は劇的に効くものもあるのです。その後1年間、漢方薬を使い続けたら、まったく鼻が詰まることがなくなりました。

普通の薬では全然治らなかったのに、漢方薬を使ったら3日で治るなんて！　このとき僕は、初めて気づきました。

「大学で教わった西洋医学の治療法以外にも、すごい医療ってあるんだ」と。

当時、医学界では西洋医学が絶対的に正しい医療で、それ以外の医療にほとんど価値は認められていませんでした。僕は、がぜん漢方に興味が湧《わ》いてきたのですが、勉強したくても、大学ですら漢方の講義が行われていません。しかたがないので、仕事の合間に書物を漁《あさ》ったり、漢方薬の夜間セミナーに通《かよ》ったりして、独学で勉強しました。

そのうちに、僕は希望する患者さんに漢方薬を処方するようになりました。精神科では、内科などと同様、西洋医学に基づいた投薬治療を主に行うのが普通です。しかし、「食欲がない」、「口が渇く」といった身体症状を訴える患者さんには、漢方薬が効くことが多いのです。こうして僕は、少しずつ漢方薬の臨床《りんしょう》実績を積《つ》んでいきました。

漢方の勉強をするうちに、あちこちの代替医療の研究会に参加するようになり、僕はいろいろな治療法・健康法の存在を知りました。ハーブ医学、ホメオパシー、マクロビオティック、気功……僕は、これらの理論を片っ端から研究し、実践しました。勤務医として複数の病院に勤めるかたわら、遠方のセミナーに参加したり、さまざまな認定医の資格をとったり、研究の成果をセミナーで発表したり。病を治す力があると聞けば、山奥に住んでいる合気道の先生に習いに行ったり、沖縄の離島の修行者を訪《たず》ねたりもしました。興味のあることは、自分でとことんやってみなければ気がすまない性分《しょうぶん》なのです。

そのなかで、超高濃度ビタミンC点滴と断糖のことを知りました。そして両者を研究するうちに、「この二つを組み合わせれば、ガンが治るんじゃないか」と気づいたのです。ビタミンC点滴の専門家も、断糖を提唱する医師も、おそらく気づかなかった治療法です。現在この両方を組み合わせた治療を行っているのは、おそらく世界中で僕だけかもしれません。

余命6か月の末期の胃ガンを治療する

Bさんのガンを治療した後、2008年ごろから、僕はハタイクリニックで週1日だけ診察をうけもつようになりました。

代替医療を研究していた僕は、以前から幡井先生が関係していた組織が主催するアーユルヴェーダ・スクールに通って勉強をしていました。そんななか、院長の幡井先生がご高齢のため、数人の医師が交替でクリニックの診療をお手伝いすることになったのです。僕は、複数の病院で精神科の勤務医をしながら、ハタイクリニックで内科・心療内科の医師を務《つと》めることになりました。

２００９年、幡井先生が他界されると、僕は院長職に推《お》されました。院長に就《つ》いてからは、扱《あつか》う代替医療の幅を少しずつ広げ、ビタミンC点滴療法と断糖食事療法も提供し始めました。こうして僕は、もともと精神科医でありながら、ガンの患者さんを治療するようになったのです。その一人が、冒頭に登場したAさんです。

Aさんは、来院したとき末期の胃ガン患者で、余命６か月と宣告されていました。最初は総合病院で胃の手術をしたのですが、再発。その後抗ガン剤治療を受けたのですが、副作用が辛くて、逃げ出してきてしまったのだとか。そういう患者さんは、うちのクリニックによく来ます。

「あんな苦しい治療ではなく、何か他にないものか……」多くの末期ガンの患者さんやご家族がそうするように、Aさんも必死になってあれこれ調べたそうです。そこで、「ビタミンCがガンに効くらしい」という話を聞きつけ、インターネットで見つけたクリニックを受診することに決めました。

しかし、そこは美容専門のクリニックで、当然のことながら美容目的でしかビタミンC点滴を行っていません。ビタミンC点滴についての説明も不十分で、Aさんは失望してしまいました。その後、僕のクリニックの話を聞きつけて、やってきたのだそうです。

僕は、AさんにビタミンC点滴の作用についてお話しし、加えて食事を断糖にする必要があることを説明しました。Aさんは納得《なっとく》してくれて、治療がスタートしました。

週1回の点滴と断糖でガンがほぼ消えた！

Aさんはかなり深刻な病状だったので、本当は週に3回から5回、点滴をするのがベストでした。しかし、Aさんは経済的に余裕がなく、やむをえず週1回だけ、100gの点滴をすることにしました。

Aさんが初めてクリニックに来たとき、僕はあの強烈な「死の臭い」をかいでいましたから、正直言うと「さすがに無理かもしれないな……」と思っていました。ましてや週1回の点滴では、なかなか治療効果が上がらないだろう、とも。

こう思ったのは僕だけではありません。その場に居合わせたベテランの看護師も、Aさんの臭いをかぎとって、「この人、もう長くないな」と思ったそうです。

ところが、断糖とビタミンC点滴の合わせ技の効果は、僕の予想をはるかに超えていました。末期ガン特有の臭いは、治療を開始すると、すぐに消えました。体調はどんどんよくなっていき、カサカサだった肌はみるみるツヤツヤになっていきました。

そのころAさんは親類の法事に参加して、親戚中から「全然元気そうじゃない」と言われてしまい、「参りましたよ」とぼやいていました。末期ガンだと信じてもらえなかったのですね。

そして3か月後、ガン細胞はほぼ消滅しました。CEAという胃ガンの腫瘍マーカーは、300超から5・6と劇的に減少。正常範囲は5・0以下ですから、ほとんど治ったと言える数値です。

断糖食を併用《へいよう》すれば、ビタミンC点滴が週1回だけでも、あれほど進行したガンから回復する場合があるのだこれは、僕にとって新たな発見でした。

このまま行けば、Aさんは末期ガンから生還できたはずです。しかし、残念ながら僕がそれを見届けることはできませんでした。Aさんのその後については、次章でお話ししましょう。

精神科医だからできた斬新な発想

今、僕がクリニックで行っている治療法は、25年ほど前からいろいろ試してきたなかで「これはいい！」と納得したものだけです。なかでも、ビタミンC点滴と断糖の組み合わせは、従来のガン治療の常識を超えるほど優《すぐ》れた臨床結果が出ています。

しかし、僕は精神科医ですから、ガン治療の世界では完全に門外漢です。そんな僕が、新しい治療法を行っていることを、専門医の先生方は快《こころよ》く思わないかもしれません。

ただ、門外漢だからこそ、まだ誰もやっていない治療法に取り組めたのだとも言えます。なぜかと言えば、「しがらみ」がないからです。内科や外科では、師匠である教授や医師との縦《たて》のつながりがあって、ガン治療をするにしても、勝手なまねはできません。ガンの治療には標準治療というものがあって、それに沿って治療をするというのが暗黙のルールとなっています。

その点、精神科医の僕は、しがらみなど気にする必要はまったくありません。だから、自分が良いと思った治療法を、安全性を確認したうえで、いろいろ試せるのです。実際、点滴療法研究会の講座で超高濃度ビタミンC点滴療法を教えていたアメリカ人医師の中には、元精神科医が多くいました。アメリカでも、精神科医には余計なしがらみがないからだと思われます。

また、外野だからこそ、僕は斬新な治療法を思いついたのだと思います。ガン専門医の世界にどっぷり浸《つ》かっていたら、もっと可能性のある治療法があろうと、副作用のない治療法があろうと、ずっと教科書どおりの治療を繰り返すだけだったかもしれません。

外から見れば「それ、おかしいんじゃない？」とわかることも、内にいるとわからないものです。いわば素人《しろうと》の強みでもって、僕は世界で唯一の治療法の組み合わせを編《あ》み出せたのだと思います。

問題山積の障害児施設に自ら志願

実のところ、僕は精神科医としてもかなり型破りな存在だったようです。少し脇道に逸れますが、僕の経歴の一部をお話しさせてください。

僕は1996年から9年間、国立の最重度知的障害児施設に勤務していました。国立で唯一の福祉型障害児入所施設として、半世紀以上も最重度の知的障害児を受け入れてきた、歴史ある施設です。

そこに大学時代の同級生が勤務していて、「とんでもない施設があるから、一度見に来い」と言うので、行ってみました。そうしたら、本当にひどくてびっくりしました。

知的障害児を預かるという重大な任務があるのに、職員はそのための技術も知識も十分ではなく、まったく理性的でない議論に明け暮れ、学園全体が殺伐とした雰囲気に包《つつ》まれていました。当然、肝心の子どもたちは置き去りで、自傷《じしょう》行為を繰り返す子、大騒ぎする子がおおぜいいました。そういう子たちは、薬を大量に飲ませておとなしくさせていました。

この状況に耐えきれず、僕の同級生は2年半でそこを辞めました。

しかし、どういうわけか僕は「ここに勤めよう」と思い立ったのです。生来《せいらい》のチャレンジ精神と好奇心が、むくむくと湧き上がってきたのでしょう。3年だけ勤めるつもりで、僕はこの施設に就職しました。

着任して1か月後、僕はノースカロライナ大学のショプラー教授が提唱《ていしょう》する「ティーチ(Treatment and Education of Autistic and related Communication-handicapped Children)」というプログラムの講習を受けました。「自閉症と関連領域にあるコミュニケーション障害のある子どもたちの治療と教育」というもので、当時注目の教育法でした。なぜか学園の職員は誰も受講しておらず、僕が初めての受講者でした。

ティーチ・プログラムでは、薬を一切《いっさい》使いません。本人を変えようとするのではなく、周囲の環境を変えることで本人の行動を劇的に改善するという方法論です。この発想に、僕は感銘を受けました。

講習を何度も受けるうちに、ショプラー教授を招いた児童精神科医の佐々木正美先生の知遇《ちぐう》を得ました。日本にティーチ・プログラムを広めようと活動していた方です。当時、佐々木先生は海外の児童福祉施設の見学ツアーを企画していました。僕はそれに参加して、最初はフランスやベルギー、イギリスなどヨーロッパの施設を、次にアメリカの施設を見てまわったのです。

そこで見た光景は、ショッキングなものでした。施設の雰囲気《ふんいき》が、日本とはまったく違うのです。子どもたちは、しっかりと知識と技術を身につけた、穏《おだ》やかでゆとりのある職員の援助のなかで、かなり自立的にゆったりと生活を楽しんでいました。僕が住みたいくらい良い環境のグループホームなのです。日本の障害児施設は、欧米に数十年遅《おく》れているのだと痛感しました。

「とんでもない施設」を最高の場所に変えた

この欧米と日本の障害児施設の差を伝えたくて、僕はセミナーを主催しました。最初は職員5人ほどの夜の勉強会から始めたのですが、だんだん他の施設からセミナーの開催を頼まれるようになりました。

ちょうどそのころ、施設の上層部が交替して、僕の考えに共鳴してくれる人が施設長に就きました。僕は、新しい施設長にこの施設の問題点を訴えました。そこで一気に、トップダウンで施設改革を行うことになったのです。1998年から2001年にかけてのことです。

ティーチ・プログラムにのっとり、マンツーマンでの自閉症児療育や、保護者や、全国の施設から来た指導員・保育士等のトレーニングをしたり、サマーキャンプをしたりしました。そして、自閉症をもつ子どもたちに自分たちの周りの環境がわかりやすく構造化されたなかで認知発達を促す訓練を受けさせました。できるだけ自立的な生活を目指すためです。すると、子どもたちは薬を飲まなくても騒ぐことがなくなり、安定したままのびのびと過ごせるようになりました。

また、200人収容の大きな講堂や宿泊施設を作り、おおぜいの人が泊まりがけで学べるようにしました。そこでは、内外の職員を集めて講習会を行い、保護者の勉強会も開催しました。職員たちは知識と技術を身につけ、外部と交流をもつうちに意識が変わり、施設内が明るく開放的な雰囲気に変わっていきました。

この施設での改革から学ぼうと、全国の児童福祉施設からおおぜいの職員が見学に来ました。発達障害児向けの外来も初めて開設したのですが、予約が1年待ちになるという盛況ぶりでした。

対外的評価が良くなかった施設が、たった3年で最高の施設に生まれ変わったのです。

歴史ある組織を短期間で一新するのは非常に大変でしたが、やりがいのある面白い仕事でした。

今思えば、一介《いっかい》の精神科医の僕にこんな大改革を手伝わせてくれた施設長は、なんて懐《ふところ》の大きい人でしょう。僕はこの学園に3年だけ勤めるつもりでしたが、施設長をはじめ他の職員と仕事をすることが楽しくなり、なかなか辞めることができませんでした。結局、2007年に民間の精神病院に移《うつ》るまで、あっという間に9年を過ごしました。

この施設での実績が知られるようになり、僕は全国の児童福祉施設に招かれて講演をするようになりました。自分で言うのもなんですが、当時、僕は自閉症児教育の世界ではちょっとした有名人だったのです。

精神疾患にまつわるテレビドラマの監修《かんしゅう》を頼《たの》まれるようにもなりました。最初は、2006年のTBSドラマ「僕の歩く道」。草彅剛《くさなぎつよし》さん演じる主人公が自閉症という設定の大ヒットドラマです。以後、テレビ朝日「半落ち」（椎名桔平《しいなきっぺい》さん主演）、日本テレビ「相棒」（水谷豊さん主演）、フジテレビ「フリーター、家を買う。」（二宮和也さん主演）、フジテレビ「ATARU」（中居正広さん主演）など、さまざまなドラマの監修を行いました。

他の人がやらないことでも、僕は良いと思ったことはすぐにやってしまいたくなります。

そのため、これまでさまざまな失敗も経験しましたが、この新天地に飛び込んだ経験は、僕がガン治療にチャレンジする自信につながったと思います。

「声を失う」と言われた下咽頭ガン患者

現在、僕が院長を務めるハタイクリニックには、北は北海道から南は沖縄まで、全国津々浦々から患者さんが訪れます。他の病院で「もう打つ手がない」と言われ絶望した人や、さまざまな治療法を試しては落胆するのを繰り返してきた人が、わらをもつかむ思いで、遠路はるばるやってくるのです。

その一人、Cさんは名古屋から僕のクリニックを訪れました。某有名企業を経営している40歳の男性です。

Cさんは2年前にあごの下のリンパ節にガンが見つかり、放射線治療により進行を抑えていました。しかし2年後、その下咽頭《かいんとう》ガンが急速に活発化し、3㎝に大きく成長してしまいました。そこで手術が必要となったのですが、下咽頭ガンの手術は声帯を切除せざるを得ない、つまり「しゃべれなくなる」という衝撃《しょうげき》的な告知を受けたのです。

Cさんは大企業の社長さんで、連日おおぜいの部下を相手に檄《げき》を飛ばしていましたから、「しゃべれなくなるなんて、冗談じゃない」と手術を拒否しました。そして、一縷《いちる》の望みをかけて僕のもとを訪れたのです。

Cさんと対面したとき、あご下から首筋にかけてボコンと大きく腫《は》れているのに目を奪《うば》われました。ここまでガンが大きくなってしまうと、普通は手術するしか手段がありません。しかし、Cさんは声を失いたくない。なんとかその願いを叶《かな》えるために、僕はなるべく多くのビタミンC点滴を行うことと、断糖を併用することの必要性を説《と》きました。

Cさんには、週3日、100gのビタミンC点滴を行うために名古屋から東京へ通ってもらいました。その間、名古屋の病院で抗ガン剤と放射線による治療も受けていました。

ところが、病状を深刻とみた主治医から、まもなく入院を命じられてしまったのです。

入院してしまえば、名古屋から東京のクリニックに通えません。しかたがないので、僕は名古屋にいる知り合いの医師に頼んで、病室でビタミンC点滴をやってもらおうと考えました。しかし、Cさんの主治医は「そんなわけのわからない治療を院内で行うなんて」と許可してくれません。ここへ来て、Cさんの治療は頓挫《とんざ》してしまったのです。

「遠距離治療」で声帯を取らずに完治

さて、どうすれば入院中もビタミンC点滴を続けられるか。僕とCさんは、考えた末にある手段を講じました。大きな声では言えませんが、病院を抜け出して僕の知り合いのクリニックでビタミンC点滴を受けてもらうのです。

Cさんは、「ちょっと散歩してきます」と言っては病院を抜け出し、点滴を受けては帰ってくる、という生活を繰り返しました。クリニックには僕が資材を送り、ビタミンCの量を指示して、いわば「遠隔治療」を行っていたのです。100gのビタミンC点滴を、週3回。病院のスタッフたちは、「よく散歩に行く人だな」と思ったでしょうね。

もう一つ、入院と言えば食事が問題です。病院食を食べてしまうと、断糖療法になりません。そこで、Cさんは病院食を拒否して、家族に断糖の食事を持ってきてもらうようにしました。こうして、入院中も断糖生活を継続《けいぞく》できたのです。

実は、僕が治療しているガン患者さんの中で、入院中にCさんのように食事を持ちこむ人は珍《めずら》しくありません。あまり知られていませんが、食事制限のある人以外は、病院食を断ってもかまわないのです。命に関《かか》わる問題ですから、入院中でも遠慮することなく断糖を貫《つらぬ》いてほしい。そう僕は思っています。

ビタミンC点滴と断糖を始めてまもなく、Cさんのあご下の腫れは小さくなっていきました。3か月後の画像検査ではガンが消えていました。長い間治療しても消えなかったガンが、急速に小さくなり、ついに消えてしまったので、入院先の主治医は首をひねっていたそうです。もっとも、看護師たちは、Cさんが病院を抜け出して何か治療を受けていたことに気づいていました。「何をやったの？」と興味しんしんだったそうです。

ガンが完治したCさんは、今では退院して元気に声を張り上げ、社員を叱咤《しった》激励《げきれい》しています。現在は月に2回、25gの点滴を予防的に行うのみ。断糖はやめて、もう普通の食事をとっているそうです。

ちなみに、遠隔治療を行うにあたってはさまざまな障害がありました。それでも治療を続けたのは、Cさんが声帯を失わないためにはビタミンC点滴と断糖が必要だという確信があったから。本来ならタブーである「入院患者の病院抜け出し」を是《ぜ》としたのは、「患者さんを治す」ためにはやむを得なかったからです。

とはいえ、こんな治療は例外中の例外で、僕自身ヒヤヒヤしました。その後、地方在住の患者さんには、僕の指示どおりに点滴をしてくれるクリニックを地元で探《さが》してもらうことにしています。「通えない」という理由で治療が中断し、ガンを治せないのは、僕にとって一番残念なことなのです。

両親の死後、考え続けた「ガンを治す方法」

ここで、僕が「ガンを治したい」と思うに至った個人的な背景をお話ししましょう。

僕の両親は、ふたりともガンで亡くなっています。２００７年、僕が国立の障害児施設に勤務していたころ、まず父親に肺ガンが見つかりました。発覚したときは末期で手術ができず、抗ガン剤で延命させる以外に打つ手がありませんでした。しかし、抗ガン剤を使っても、ガンはどんどん大きくなっていきます。そしてわずか2週間後にあっけなく亡くなってしまったのです。

父を亡くしたショックがまだ冷《さ》めやらぬ1か月後、今度は母親に大腸ガンが発覚しました。すでに肺に転移しており、1年ももたないだろうという絶望的な病状でした。父を失ったばかりなのに、母までガンで失うなんて……あまりに急な展開に、僕は茫然《ぼうぜん》とするしかありませんでした。

このときは、僕の兄と姉が抗ガン剤の使用に反対し、漢方薬だけで治療を行いました。兄は漢方系の薬剤師で、姉も漢方の勉強をしていたのです。父親のときのように、何もしないまま終わらせるのが嫌《いや》だったのでしょう。

漢方薬のおかげか、母は主治医の予想を超えて5年も生き長らえました。その間、ガンは消えかけては現《あらわ》れ、また消えかけては現れるのを繰り返し、僕たちはその都度《つど》、一喜一憂しました。でも、ついにガンが消え去ることはなく、最後は肺炎で亡くなりました。

父と母を相次いで見送った後、僕はこう思いました。

西洋医学の抗ガン剤も、代替医療の漢方薬も、結局ガンを治すことはできないんだ。

でも、ガンって本当に治らないのか？

他に何か治す方法があるんじゃないか？

その後も、僕は精神科医として働きながら、ずっと考え続けていました。ガンを治す方法はないのだろうか、絶対何かあるはずだ……と。

するとまもなく、たまたまビタミンC点滴と断糖という二つの治療法と出会ったのです。

僕は、ひらめきました。

「あっ、これとこれを組み合わせれば、ガンを治せるんじゃないか？」

しかし、精神科医の僕に実践する機会はありません。いつか行うべきときが来るのかなと思いながら、僕はビタミンC点滴と断糖の研究を続けていました。

やがて、思いもよらない形でそれを実践することになりました。前にご紹介した第1号のBさんです。

ずっと考え続けていることというのは、タイミングよく形になって現れるものなのですね。今思えば、ビタミンC点滴と断糖によるガン治療を、今僕が行っているのは、両親の死から導《みちび》かれた運命的な巡《めぐ》り合わせなのかもしれません。

初期の卵巣ガンがたった29回の点滴で消えた！

ハタイクリニックに来るガンの患者さんは、末期の人が多いというのは前にも述べました。うちのような特殊な医院は、他の病院で「もう打つ手がない」と言われて困り果てた末に来る場合が多いからでしょう。

しかし当然のことですが、末期ではなく初期のガンの人も来院しています。そんな例を一つ挙《あ》げましょう。

Dさんは、名古屋在住の45歳の女性。先に登場したCさんが経営する会社の役員の奥様です。

Dさんは、初期の卵巣ガンでした。定期的にガン検診をしていたので、早い段階で見つけることができたのです。婦人科系のガンや乳ガンは、検診で見つけて初期のうちに来る人が比較的多くいます。

まだ手術をする段階ではなく、痛みもありません。末期ガンの人と違い、体はピンピンしています。ただ、抗ガン剤を使っていたので、頭はツルツルでした。そのときも抗ガン剤でガンの成長を抑えてはいたのですが、「心配だから、社長に聞いてこちらに来ました」と言っていました。

Dさんには、75gのビタミンC点滴を週3日投与して、漢方薬を処方しました。そして他の患者さんと同様に、断糖を始めてもらいました。

この治療を、まずは3か月続けてもらうつもりだったのですが……なんと、29回目でガンが治ってしまったのです。もともと通っていた病院の画像検査の結果が出てきたら、29回目の時点でガンが消えていることが判明しました。3か月後のCA125の腫瘍マーカーは、26・7U／㎖から正常値の8・0U／㎖に低下していました。

さらに、抗ガン剤投与終了3か月後にDさんの髪の毛は元通りに生えそろいました。後の章で詳述《しょうじゅつ》しますが、これは超高濃度ビタミンCの作用だと思われます。

現在Dさんは、再発を予防するため、25gの点滴を月2回だけ受けています。最初からずっと変わらず、元気なままで通っています。

初期のガンだから早く治るだろうと予想していたのですが、これほど早く完治するとは、僕自身も驚きました。医師としては、患者さんが早く治るのは一番嬉しいことです。

ビタミンC点滴と断糖の治療法は、たしかに末期ガンを完治させた実績がありますが、当然、初期のほうが治る確率は高いのです。患者のみなさんには、「打つ手がない」と言われてからではなく、ガンが発覚したらすぐにビタミンC点滴と断糖の治療を始めていただきたいと思います。

上顎洞ガンが2か月半で3分の1に

これまで僕がビタミンC点滴と断糖で治療したガンは、胃ガン、胆《たん》のうガン、耳下腺《じかせん》ガン、子宮頸《けい》ガン、子宮体ガン、卵巣ガン、乳ガンなど。なかでも珍しいガンの治療例をご紹介しましょう。

Eさんは45歳の男性で、上顎洞《じょうがくどう》ガンを患《わずら》っていました。上顎洞というのは、頬の内側に広がる空洞の一つ。上顎洞ガンとは、その空洞にできる珍しいガンです。

あるとき、Eさんは鼻血が止まらなくなって病院に行ったところ、上顎洞ガンが見つかりました。上顎洞ガンは、大きくなると鼻の粘膜を圧迫するから鼻血が出やすくなるのです。

Eさんは大学病院で抗ガン剤の治療を受けていたのですが、ガンの成長は止まりませんでした。いよいよガンが大きくなったので、ついに「手術をするしか手立てがない」と告げられました。

上顎洞ガンの手術は、顔面を大きく損《そこ》なうものなので、患者さんの生活の質を大きく変化させることになります。特にEさんの場合は、ガンが64㎜×44㎜と大きかったので、眼球を含めて顔面の半分をゴッソリ取らなければなりません。唇《くちびる》や舌のガンを切除するのとは違い、顔の半分ともなると、再建するのはほぼ不可能です。仮に体のあちこちから骨や皮膚を移植したとしても、元通りと言うにはほど遠い容貌《ようぼう》になることは間違いありません。

Eさんは、入院中に上顎洞ガンの手術をした人を目《ま》の当たりにしたといいます。まるでターミネーターのように顔半分がパカッと取れていた。それを思い出して、「絶対に手術したくない！」と病院を逃げ出し、僕のところへやってきたのだと話してくれました。

初めてクリニックに来たとき、Eさんの顔はどす黒くくすみ、体中がむくんでいました。話している最中にも鼻血がジャージャーと出てきたので、僕は「これはやばいな」と思いつつ、とにかくEさんが生還するために急ピッチで治療を進めることにしました。

ビタミンC点滴は100gを週5日間行い、断糖の食事を厳守してもらいました。すると、64㎜×44㎜あった腫瘍が2か月半後には19・2㎜×28・8㎜と、3分の1の大きさにまで縮小しました。

そのころには、顔色も良く、全身のむくみもなくなり、鼻血も出なくなりました。もう一つ、抗ガン剤の副作用でツルツルだった頭に髪の毛がふさふさと生えてきました。大学

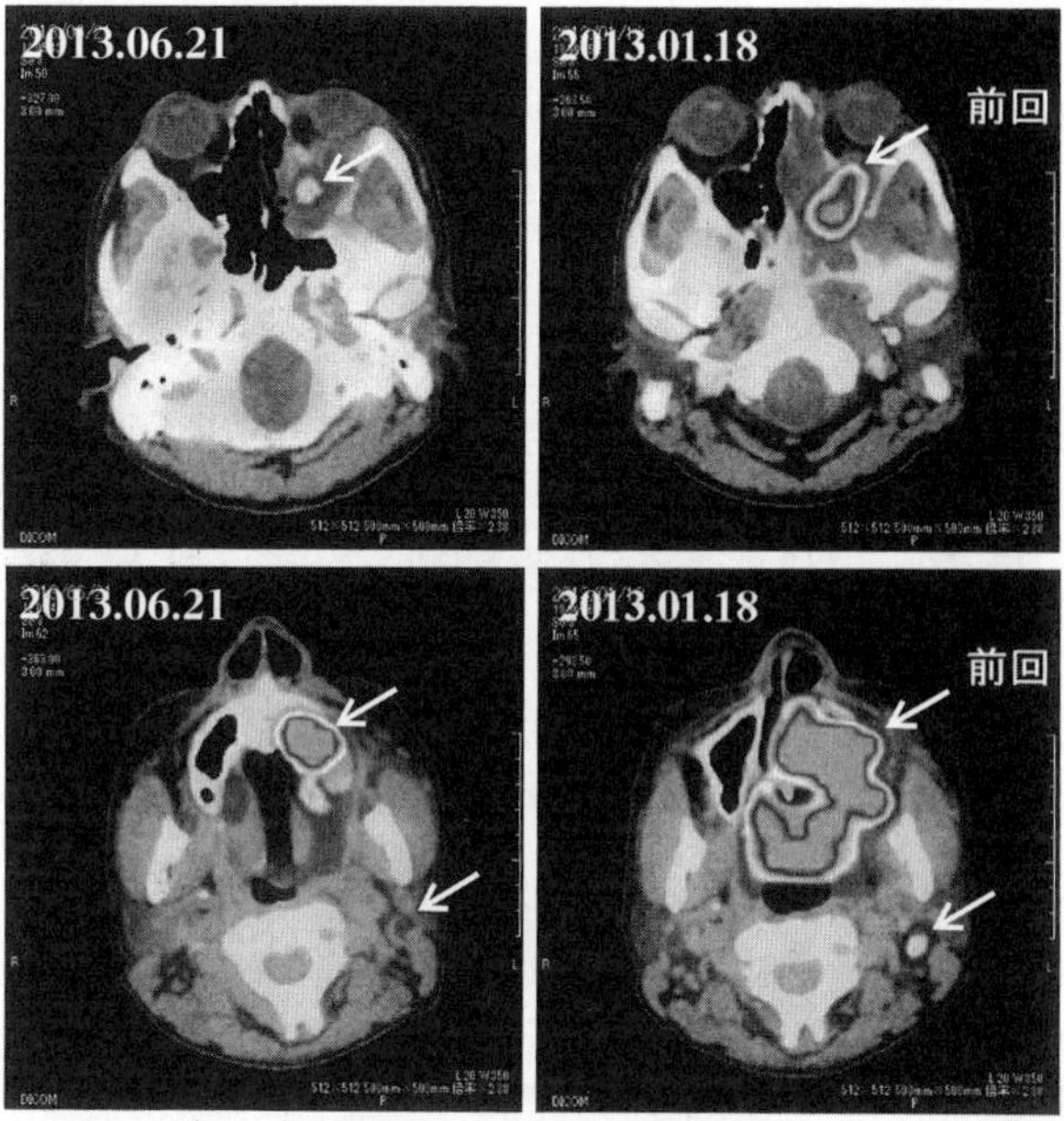

上顎洞ガン患者のMRI画像

右側がbeforeで、左側がafterである。

beforeの日付が2013年1月18日になっているが、これは前の病院での撮影日で、僕のクリニックに来たのは2013年3月4日で、治療開始は3月末であった。

この画像は、頭部を真下から撮った画像である。上の2枚がちょうど眼球の位置で水平に切った面、下の2枚がそれより下の鼻のあたりで水平に切った面である。それぞれ眼球と鼻が上側に出っ張っているのがわかる。

矢印の指す顔面左側に大きな腫瘍があり、摘出寸前まで悪化していたが、100gのビタミンC点滴を週5日間行い、断糖の食事を厳守してもらったところ、64㎜×44㎜あった腫瘍が2か月半後には19.2㎜×28.8㎜へと、3分の1の大きさに縮小した。

病院にはもう通っていませんでしたから、抗ガン剤はやめていたのですが、普通はやめてから2か月半で髪がふさふさにはなりません。先のDさんと同じく、ビタミンC点滴の作用だと思われます。

Eさんは経済的な理由でやむなく僕のクリニックでの治療を中断したので、その後どうなったかはわかりません。しかし、ビタミンC点滴と断糖でかなりガンが縮小し、体調も格段に良くなったことは非常に喜んでくれました。

僕自身、ビタミンC点滴と断糖だけでもこれだけ成果が出るのだとわかり、勇気づけられました。

改めて、僕はこの二つの治療法でガンに取り組んでいこう、と自信を強めました。

ビタミンC点滴と断糖によるガン治療の事例は、他にもあります。

①胃ガン全摘《ぜんてき》後に腹膜播種《ふくまくはしゅ》で再発、48歳女性。75gのビタミンC点滴を週4〜5回と断糖食事療法で、2か月後のCTではガンが消失。

②胆のうガン、腹腔内《ふくくうない》播種、51歳男性。100gのビタミンC点滴を週3～4回と断糖食事療法を9か月間続けたら、CA19-9が244・1（2012年9月12日）から42・0（2013年6月19日）へ減少した。

③右乳ガン、57歳女性。75gのビタミンC点滴を週1回、6か月間（2012年3月31日～2012年9月18日）続けたら、エコー検査でガンが3分の1に縮小。その後、2012年9月25日、摘出して行った病理検査ではガンが消失していた。

副作用がなく、効果の高いこの治療法を、僕は多くの人に知っていただきたいと思っています。ビタミンC点滴と断糖とは具体的にどのような治療法なのか、なぜガンが治るのか。この後、順を追って説明しましょう。

第2章

なぜビタミンC点滴が「ガンを殺す」のか？

ビタミンC点滴の受難の歴史

前章では、「超高濃度ビタミンC点滴療法」と「断糖食事療法」によるガン治療の成果についてお話ししましたが、「ビタミンC点滴って何？」と思った人も少なくないでしょう。「そもそも、どうしてビタミンCがガンに効くの？」と思われるのも、もっともです。ここからは、そんな疑問にお答えしていきます。

超高濃度ビタミンC点滴療法が日本で広まり始めたのは、ほんの数年前。２００７年に「点滴療法研究会」が設立され、「超高濃度ビタミンC点滴療法認定医」を輩出《はいしゅつ》するようになってからです。２０１８年現在、超高濃度ビタミンC点滴認定は７００人を超え、ガン治療のためのビタミンC点滴を行っているクリニックは全国で約４５６箇所《かしょ》以上となっています。

しかし、ここに至《いた》るまでの道のりは、けっして平坦《へいたん》なものではありませんでした。ビタミンCとガンの関連性が初めて指摘されたのは、１９３７年。ドイツ人医師アッペルバウムが、ガン患者の血清ビタミンC濃度がゼロに近いことを発見したのが初めてです。

30余年後、その関連性を明確に知らしめたのは、アメリカのノーベル賞受賞者であるライナス・ポーリング博士です。1976年、ポーリング博士は、スコットランドのキャメロン博士と共同で行った研究結果を『アメリカ科学アカデミー紀要《きよう》』に発表しました。1000人のガン患者に点滴と経口によりビタミンCを投与したら、1000人の一般治療をしたガン患者と比《くら》べて生存期間が4・2倍も延《の》びた、という実験結果です。

40年近く前に、ビタミンCの有効性はすでに証明されていたのですね。でも、日本では近年まで広まることはなく、医師にさえあまり知られていなかった。それはなぜなのでしょう？

実は、ポーリング博士の「ビタミンCがガンを抑制する」という説は発表後まもなく否定されてしまったのです。

アメリカ医学界の権威であるメイヨー・クリニック（Mayo Clinic）が「ビタミンCのガンへの有効性は認められない」とする実験結果を、1979年と82年の2度にわたって発表しました。ポーリング博士は研究の不備を指摘して反論しましたが、メイヨー・クリニックの権威の前に、その声はかき消されてしまいます。このアメリカに巻き起こった「ビタミンC論争」は、日本でも報道されたので、記憶に残っているという人がいるかもしれませんね。

日本でも「あのメイヨーが否定したのだから」という理由だけで、医業者たちが「ポーリング説」に目を向けることはなくなってしまいました。

こうしてビタミンC点滴は、その高い治療効果にもかかわらず、普及の歩みを大きく遅らせることになってしまったのです。

ビタミンCは「ガン細胞を殺す」

メイヨー・クリニックの実験は、おおむね次のようなものでした。

150人の進行ガンの患者を2グループに分け、一方にはビタミンCを、もう一方には偽薬を投与する。その結果、両者の治療効果には有意な差が出なかった。よってビタミンCによるガンの有効性は認められない。

この実験には、実際、大きな不備があります。ビタミンCを、点滴ではなく経口《けいこう》のみで被験者に投与していたのです。後で詳《くわ》しく述べますが、経口ではビタミンCの治療効果が出るはずはありません。点滴と経口の両方で投与したポーリング博士の実験とは、比べようもないのです。

世間からみれば敗北を喫《きっ》した形のポーリング博士は、その後も自説を信じて研究を続けました。死後は弟子にあたる研究者たちがそれを引き継ぎ、ビタミンC点滴の真価を証明すべく実験を繰り返しました。

2005年、すっかり過去の遺物となっていた「ポーリング説」に、ようやく再評価される機会がやってきました。『アメリカ科学アカデミー紀要』に、「アスコルビン酸（ビタミンC）は選択的にガン細胞を殺す（Pharmacologic ascorbic acid concentrations selectively kill cancer cells.)」という衝撃的なタイトルの論文が掲載されたのです。アメリカの国立衛生研究所・国立がん研究所・食品医薬品局（FDA）に所属する研究者と、アイオワ大学フリーラジカル・放射線研究部門のドクターによる論文です。

彼らは、試験管内に人間の血中と同環境をつくり、ビタミンCを高濃度状態にしてガン細胞と正常細胞を投入しました。その結果、ガン細胞9種類のうち5種類の半数が死滅。一方、正常細胞はその5倍のビタミンC濃度でもまったくダメージを受けませんでした。

このことから、「ビタミンCはガン細胞を殺す、ただし正常細胞は傷つけない」という結論が導き出されたのです。

この論文は、世界中の医療界に大きなインパクトを与えました。高濃度ビタミンCの研究は急速な進展をみせ、有効性を説く論文が次々と発表されました。その一部の概要を挙げましょう。

＊2006年、アメリカの国立衛生研究所・国立がん研究所などの研究者らが、超高濃度ビタミンC療法が明らかに有効であった3症例（腎臓《じんぞう》ガン、膀胱《ぼうこう》ガン、悪性リンパ腫）を論文にまとめる。
＊2007年2月、韓国のサムスン医療センターが、10gのビタミンCの点滴を1週間に2回、4gの経口ビタミンC投与を毎日、39人の末期ガン患者に実施したところ、身体、心理、社会的QOLが改善。さらに疲労感、疼痛《とうつう》、吐き気、不眠、食欲低下といった症状の改善が認められたことを、韓国医学アカデミー誌に発表。
＊2007年5月、アメリカの国立衛生研究所・国立がん研究所・食品医薬品局の研究者らが高濃度ビタミンC療法による抗ガン作用のメカニズムについて『アメリカ科

学アカデミー紀要』に発表。
＊2008年8月、アメリカ国立衛生研究所の研究チームが、ビタミンCが腫瘍の成長を抑制することを『アメリカ科学アカデミー紀要』に発表。
＊2009年3月、金沢大学補完代替医療学講座の大野智《おおのさとし》准教授らが、高濃度ビタミンC点滴療法による進行ガン治療の総説を『アンチキャンサー・リサーチ』誌に発表。
＊2010年2月、東京大学・愛媛大学・愛知がんセンター研究所の共同研究グループが、培養《ばいよう》細胞実験で高濃度のビタミンCが人間の中皮腫《ちゅうひしゅ》細胞に細胞死を誘導することを『バイオケミカル・アンド・バイオフィジカル・リサーチ・コミュニケーションズ』誌に発表。
＊2012年1月、アメリカのトーマス・ジェファーソン大学が、転移を有する膵臓《すいぞう》ガンに対する高濃度ビタミンC点滴療法と化学療法薬併用に関する第1相試験を『プロス・ワン』誌に発表。

「3大治療」との混合診療は不可

ビタミンC点滴の研究が進むにつれ、アメリカだけでなくカナダ、韓国などにも高濃度ビタミンC点滴療法が浸透していきました。アメリカでは、すでに1万人以上の医師がこの治療法を採用しています。

しかし日本では、超高濃度ビタミンC点滴によるガン治療を行っているクリニックが全国で456ほどと、けっして多くありません。すべての人がこの治療を受けられる状況には、ほど遠いのです。

ご存じのとおり、一般の病院では、ガン治療には「手術・抗ガン剤・放射線」の3大療法を組み合わせるのが基本です。これらは、すべて健康保険が適用されます。

一方、ビタミンC点滴は保険適用外の自由診療です。現在の日本では、一つの病院で保険適用の治療と適用外の治療を受ける、いわゆる「混合診療」が禁止されています。例外として、一部の高度先進医療などは混合診療が認められており、治療費は保険適用の分の自己負担額に加え、自由診療の分の全額が加算されることになります。

が、ビタミンC点滴は高度先進医療に含まれていません。今後日本がTPPに加入すれば、混合診療が解禁になる可能性があると言われていますが、２０１８年11月現在は不確実な状況です。

ともあれ、現状ではガンの3大療法を行う病院でビタミンC点滴療法を行うことはできません。これが、日本でビタミンC点滴の普及が遅れている大きな要因です。

アメリカでは混合診療が認められており、さらに医師とは別に代替医療のドクターがビタミンC点滴を提供することができます。そのため、人口比でみても、日本よりはるかに多くの施設で超高濃度ビタミンC点滴療法を受けることができるのです。

とはいえ、アメリカでもビタミンC点滴には保険が適用されません。

２０１０年ごろ、ビタミンCが抗ガン剤として保険適用されるという噂があったのですが、立ち消えになってしまいました。それどころか、医薬品として認めないということになってしまったのです。

２０１０年12月29日、ＦＤＡ（米国食品医薬品局）が、米国で超高濃度ビタミンC点滴用ビタミン製剤を製造していたＭｃＧｕｆｆ社に対し、「注射用ビタミン剤」を薬事法適用除外から外《はず》し、新薬製造承認まで出荷を認めないと通達しました。薬事法が制定される

１９６３年以前に使用されていた薬は特別に薬事法適用外とされ、その後も使用可能となっていたのです。それを外すと決めたのです。ＭｃＧｕｆｆ社はビタミン製剤を製造中止し、在庫も廃棄しました。

ビタミンC点滴の普及を阻む存在とは？

昔から、アメリカではビタミンC点滴にスポットが当たりそうになると、何かと障害が現れることがしばしばあります。最近では、２００８年、またもビタミンC点滴のガン治療効果を否定する論文が発表されました。アメリカのメモリアル・スローン・ケタリング記念癌《がん》センターとコロンビア大学の教授による「Vitamin C Antagonizes the Cytotoxic Effects of Antineoplastic Drugs.（ビタミンCは化学療法薬の持つ細胞障害作用に拮抗《きっこう》する）」という論文です。このタイトルに注目してください。科学者なら「Ascorbic acid（アスコルビン酸）」と書くべきところを、「ビタミンC」と書いている。これだけでも怪《あや》しいのですが、中身を見ると、「Dehydroascorbic acid（デヒドロアスコルビン酸）」を使って実験をしています。

デヒドロアスコルビン酸というのは、酸化したビタミンCです。抗酸化作用が失われているのですから、ガン治療どころか、疲労回復や美容にも作用しません。デヒドロアスコルビン酸を使っているのだから、ガン治療効果が出ないのは当たり前なのです。

中身を読めば、この論文がまったく的外れであることは明白なのですが、タイトルだけで「ビタミンCはガンに効かないんだ」と思われがちなことが問題です。先ほどのメイヨー・クリニックの件でもそうでしたが、ちゃんと読めば、間違っていることがわかるはずです。しかし、医師でさえ論文の中身をきちんと検証せずに、タイトルだけ、あるいは報道の見出しだけでミスリードされてしまうことが非常に多いのです。こうしたおかしな実験により、誤った認識が広まってしまうのは残念でなりません。

このように、たびたびビタミンC点滴を否定する動きが現れる背景には、ビタミンCをガン治療に使われると困る「なんらかの勢力」の存在があるのでは……？　というのは、多くの医療関係者の間でささやかれている話です。ある情報筋によると、やはりビタミンCのガン治療効果を否定する論文を書いたアメリカ某大学の教授が、実は抗ガン剤を作っている製薬会社の親会社の役員だったのだとか……。ビタミンC点滴は、抗ガン剤より治療効果が高く、副作用がありません。その事実が世に知れ渡ると、たしかに抗ガン剤のメーカーは困るでしょうね。

もう一つ、ビタミンC点滴は特許が切れていますから、販売しても製薬会社にとって儲《もう》けにならない、というのもポイントです。このような事情は日米とも同じであり、ビタミンC点滴の普及を阻害《そがい》していることは想像に難《かた》くありません。

私とビタミンC点滴との出会い

実は、点滴療法研究会が創立するより前、ポーリング博士の論文が発表された当初から、日本でビタミンC点滴を実施していた医師がいます。東京・市ヶ谷にある健康増進クリニック院長の水上治《みずかみおさむ》先生です。

水上先生は、癌先進補完医療研究会の理事長を務めるガンの専門医であり、西洋医学に代替医療を補完的に取り入れた「統合医療」の第一人者として有名な方です。僕と同じ弘《ひろ》前《さき》大学を卒業した後、西洋医学一辺倒の医療の状況に疑問を抱き、当時最先端の統合医療に取り組む北品川総合病院で研鑽《けんさん》を積まれました。現在院長を務める健康増進クリニックには、西洋医学では解消できないさまざまな病気や症状に悩む人たちが、水上先生が厳選した科学的根拠の実証された代替医療を求めて集まってきます。

前章でもお話ししましたが、僕は20年くらい前から代替医療に興味をもって、休日のたびにさまざまな講演会に出席したり勉強会を主催したりしていました。その一環として、2006年、名古屋で開催された「統合医療セミナーin名古屋」という代替医療の研究会に参加しました。そこで水上先生の講演があり、ビタミンC点滴の話を聞いたのです。

水上先生は、1970年代から北品川総合病院で、ガンの入院患者にビタミンC点滴を施《ほどこ》していました。当時、ポーリング博士の研究がアメリカで話題となっていたので、院長とふたりで「やってみるか」と手探りで始めたのだそうです。これが、日本で最初のガン治療のためのビタミンC点滴です。

ビタミンC20gを毎日点滴すると、常時数十人いるガン患者はみな血色《けっしょく》がよくなり、元気になった。そして、ほぼすべての患者に延命効果がみられたのだそうです。

このときまで、僕はビタミンC点滴のことを「なんとなくうさんくさいな」と思っていました。しかし、水上先生の話を聞いて、「ビタミンCって、そんなに効くんだ!」と衝撃を受けたのです。

それから僕は、点滴療法研究会の講習を10回受け、試験をパスして認定医の資格を得ました。一方で、断糖の食事がガンに良いということを知り、勉強していました。のちに両者を結びつけて、おそらく世界で唯一の「断糖&ビタミンC点滴」という治療法を提供するようになったのは、前にお話ししたとおりです。

知られざるビタミンCの抗ガンパワー

さて、いよいよ「なぜビタミンCはガン治療に効果的なのか」という疑問にお答えしていきます。

人体を巡《めぐ》る血液の中には、常に微量のビタミンCが溶《と》けこんでいます。超高濃度ビタミンC点滴とは、点滴により血液中のビタミンCの量を増やして、血中濃度を普段よりはるかに高くするという治療法です。

血中のビタミンCが超高濃度状態になると、ガン細胞の周囲で金属類が反応して過酸化水素（H2O2）が発生します。過酸化水素とは、殺菌消毒薬として知られるオキシドー

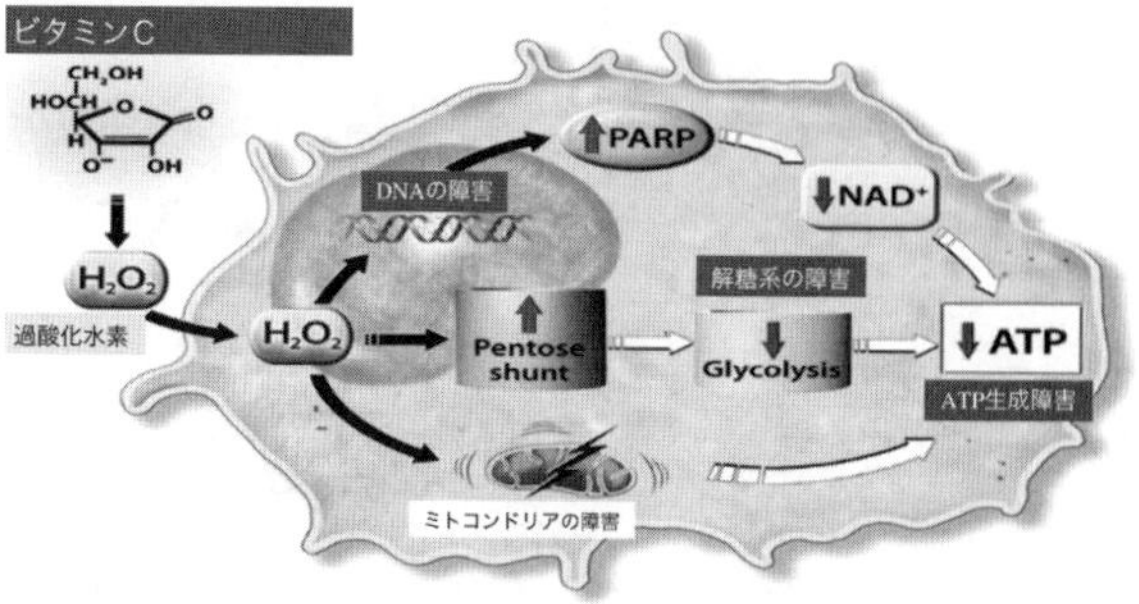

Chen, Qi et al. (2007) Proc. Natl. Acad. Sci. USA 104, 8749-8754

高濃度のビタミンCによる選択的ガン細胞死の薬理学的機序

ルの原料です。この過酸化水素が、ガン細胞を攻撃して消失させるのです。

「体の中に殺菌薬ができたら、危ないんじゃない？」と思われたでしょうか。

正常細胞にはカタラーゼという酵素があり、過酸化水素を中和してくれるので、ダメージを受けることはありません。「ガン細胞だけを攻撃し、正常な細胞には一切影響を与えない」これが超高濃度ビタミンC点滴の特徴であり、最大の魅力です。いわば「副作用のない抗ガン剤」という理想的な治療法なのです。

ただ、超高濃度ビタミンCが体内で作用するメカニズムは、完全に解明されているわけではありません。ガンの種類によっては効果が出にくいものもあり、その効果の範囲はまだ研究段階にあります。

しかし、前にご紹介したように、ビタミンC点滴の治療効果は世界中の研究者たちの論文によって明白となっています。また、ビタミンCを投与したガン患者の生存日数を、そうでないガン患者のそれとくらべると、明らかに前者のほうが長いというデータがあります（71ページの図参照）。少なくとも、結腸ガン・膀胱《ぼうこう》ガン・腎臓ガン・乳ガンの患者については有意な差が認められることがわかります。

まだ研究段階だからといって、ガンは待ってはくれません。さまざまな治療法があるなかで、ビタミンC点滴には副作用がないのですから、試してみる価値はおおいにあると思うのです。

「超」高濃度ビタミンC点滴の実際

私たちの血中のビタミンC濃度は、通常5・5〜16・8μg／mℓです。これをガン治療のためにどれくらいまで上げるかと言うと、3500〜4000μg／mℓ。実に200倍以上ですから、まさに「超」高濃度と言えます。

血中のビタミンCを超高濃度状態にするためには、ビタミンC溶剤を蒸留《じょうりゅう》水で薄《うす》めて、

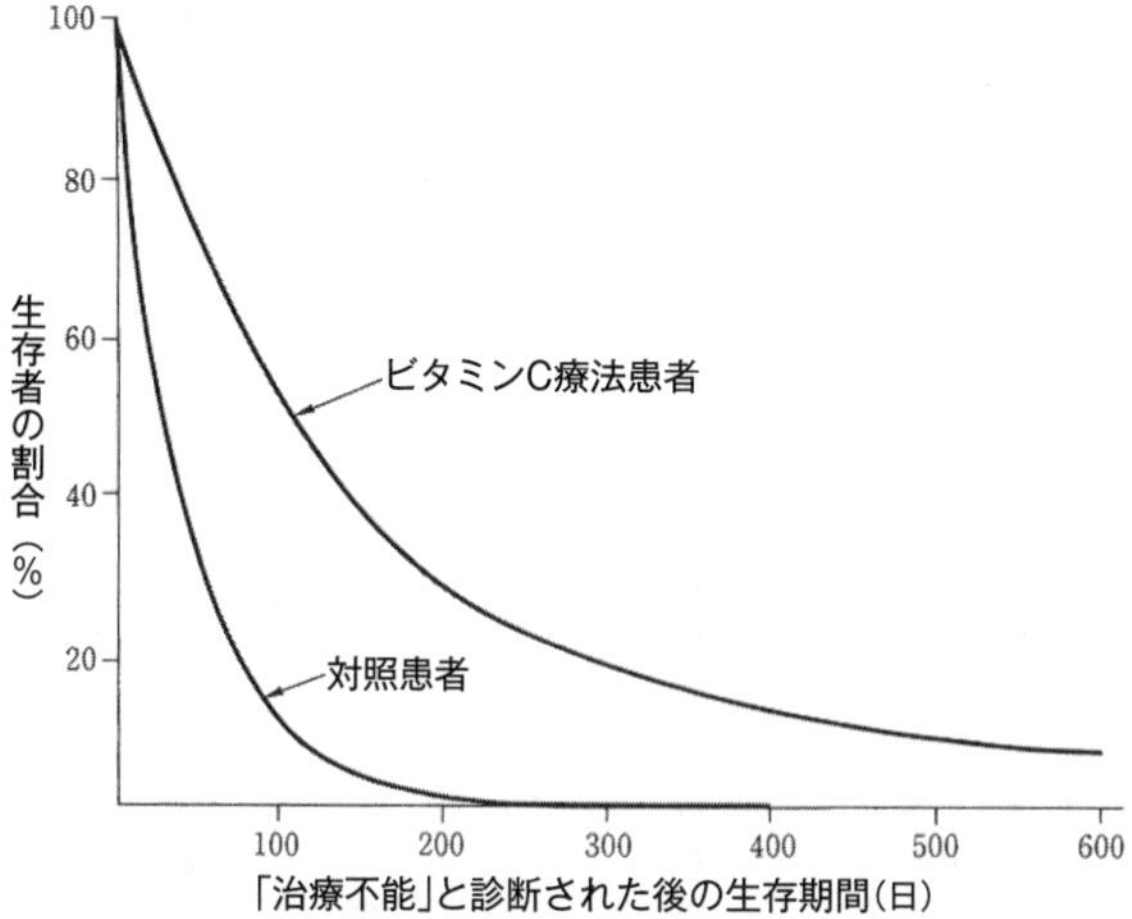

Cameron et al.(1976) Proc. Natl. Acad. Sci. USA 73：3685

ビタミンC投与と癌患者の生存日数

1～2時間かけてゆっくりと静脈に入れていきます。僕のクリニックでは、初回は体を慣《な》らすためにビタミンC25g入りの点滴薬を投与し、2回目以降は患者さんの状態によって50g・75g・100gのいずれかに増量します。たとえば50gのビタミンCを投与した後、血中濃度が3500～4000μg／mℓに満たなければ、次回は75gか100gに増量する必要ありと見なします。美容目的なら12・5gしか使わない場合もあるようですが、ガン治療のためなら、最低でも50gは必要です。

患者さんの体質やガンの状態によっ

て、血中濃度の上がりやすさは異《こと》なります。重度のガン、つまりガン細胞が大量に増殖している状態なら、ビタミンCを大量に投与しなければ血中濃度が3500~4000㎍/㎖まで上がりません。しかし、治療を進めるうちにガン細胞が減ってきたら、ビタミンCの量を減らしても十分上がるようになります。

点滴が終わった後、ガンの治療レベルの血中濃度をキープできるのは、たった2時間ほどです。約2時間を過ぎると、ビタミンCは徐々に体外に排泄《はいせつ》され、血中濃度はゆるやかに低下していきます。そのため、血液検査のための採血はピーク時、点滴が終了した直後に行う必要があります。

ところで、血中濃度が通常の200倍になるほど大量のビタミンCを投与するとなると、「体に害はないの?」と気になる人もいるでしょう。

アメリカの国際機能改善センターでは、15年間で約3万件の高濃度ビタミンC点滴が行われてきましたが、これまでに副作用による死亡例は1件も報告されていません。

よく言われるのが、「ビタミンCを大量摂取すると、カルシウムの代謝《たいしゃ》異常を引き起こし、尿路結石になる」という説です。しかしそのような例は、ビタミンC点滴療法が始まって以来、40年の歴史の中で1例もありません。経口で摂取するのと違い、点滴では尿路結石が起こりにくいと言われています。正常な細胞にもダメージを与えてしまう抗ガン剤や放射線療法に比べれば、副作用の怖《おそ》れはほとんどないと言ってよいでしょう。

ただし、G6PD欠損症の人は、この治療を受けることができません。赤血球の膜に遺伝性酵素異常があるため、血中濃度を上げると赤血球が破裂する怖れがあるからです。また、高血圧の人、腎不全で人工透析を行っている人、心不全の人、腹水が大量にたまっている人、ひどい浮腫《ふしゅ》がある人は、点滴をすることじたいに危険性があるので、かかりつけの医師に相談してみてください。

進行ガンなら週3回以上の点滴を

ビタミンC点滴は、繰り返し行うことで治療効果が上がっていきます。その頻度《ひんど》は、患者さんの病状に合わせて決めるのが基本です。

前にも述べましたが、超高濃度状態、つまり「ビタミンCがガンを攻撃してくれる状態」は、点滴が終了してから約2時間しかもちません。その状態を何度も繰り返しつくり出すことで、ガン細胞を徐々に減らしていく、というのがこの治療法なのです。

点滴の回数が多ければ多いほど治療効果が上がるのはもちろんですが、なるべく間を空けないことも重要です。攻撃の頻度がゆるやかだと、ガン細胞の増殖スピードのほうが勝ってしまい、ガンの進行を防ぐまでに至《いた》らないからです。

点滴療法研究会では、ガン治療には週3回以上の点滴を推奨《すいしょう》しています。僕も、進行ガンなら週3～5回、できれば毎日が望ましいと考えていますが、遠方なので通えないという人や、経済的に厳しいという人もいます。そういう場合は、おすすめはできませんが、週1、2回にすることもあります。前章でご紹介したAさんのように、それでもほとんどガンが消えた例もあるので、一概《いちがい》には言えませんが。

ガンが治ってきたら、だんだん頻度を減らしていくことが可能です。僕のクリニックでは、遠方の患者さんは、たとえば最初の2、3週間だけ週末に泊まりがけで上京し、集中的に点滴を受け、治療に最適なビタミンCの量が決まったら、徐々に間隔を空けていく……という人もいます。

完治した後は、再発防止のために月2回くらい点滴するのをおすすめしています。家族にガン患者さんがいる人は、予防のために、月1、2回くらい行うのがよいと思います。

僕は、ガンの既往《きおう》歴はありませんが、予防と健康維持のために週1回点滴をしています。研究のために徹夜しなければならないときや、仕事が多忙で疲れているときなどは、2日連続で行うこともあります。すると、てきめんに元気になり、睡眠2時間でもバリバリ働けるようになります。ビタミンCには強力な抗酸化作用がありますから、疲労をもたらす活性酸素を除去してくれるのですね。

ビタミンCサプリメントの悲しい真実

ビタミンCの強力な抗酸化作用は、美容や健康にも役立つということがよく知られています。そのため、常日頃からビタミンCをサプリメントで摂取しているという人も多いでしょう。

ときどき、患者さんから「ビタミンCなら、サプリメントでとってもいいですか?」と聞かれることがあります。結論から言うと、ノーです。健康維持のためなら悪くないのですが、ガン治療となると、サプリメントではまったく効果を期待できないからです。

厚生労働省が定めるビタミンCの成人1日当たりの必要量は、100㎎。ただし、この数値は壊血病《かいけつびょう》にならないためのギリギリのラインであって、実際はもっと必要です。ビタミンCは、私たちが身体的・精神的ストレスを受けるたびにどんどん消耗されます。そのため、実際に必要な量は1日に1000㎎くらいではないか、と言われています。特にタバコを吸う人やストレスの多い人、忙しくて休息をとれない人などは、ビタミンCが大幅に消耗されますから、もっと摂取したほうがいいのです。

サプリメントにもいろいろありますが、1日分のビタミンCの量を1000〜2000㎎としている製品が多いようです。

「1000㎎あるなら、十分だ」と安心されたでしょうか？　しかし、そのうち体内に吸収される量は半分以下だと考えられます。1000㎎分のサプリメントを摂取したとしても、人間の消化能力から推察すると、500㎎以下しか吸収できないのです。

しかも、サプリメントは通常、製造工程で粒《つぶ》状に加工する際などに加熱されています。ご存じの方も多いでしょうが、ビタミンCは非常に熱に弱い成分です。サプリメントは食品ですから、記載されているビタミンCの量は、配合量、つまり加熱する前に加えた量です。製造工程で1000㎎のビタミンCを配合しても、私たちが口にする製品に、それほどの量が残っているとは考えにくいのです。一説によると、ほとんど成分が残っていない製品も多く出回っているのだとか……。

食品レベルではなく、医薬品レベルの製造工程管理で作られているサプリメントは、ビタミンCが減少しにくい非加熱製法で作られます。しかし、それでも消化吸収できるのは半量以下。たとえば、ビタミンC100gの点滴と同等の血中濃度にするためには……2粒でビタミンC1000㎎含有のサプリメントを、なんと400粒も口にしなければならない計算になります。すでにお気づきでしょうが、経口で「超高濃度ビタミンC状態」をつくるのは不可能なのです。

点滴なら、直接血管の中にビタミンCを入れるので、まったくロスがなくすべて体内で使われます。そして、超高濃度ビタミンC点滴には、ガン以外にもさまざまな良い作用があります。これについては、後の章で詳しくご紹介しましょう。

ガン治療は、費用対効果で選ぶ

ビタミンC点滴は健康保険の適用外なので、治療費はクリニックによって異なります。鍼灸《しんきゅう》やアーユルヴェーダ、カイロプラクティックなどと同じ「自由診療」ということですね。

点滴療法研究会によると、ビタミンC50gの点滴の料金設定は平均2万円なのだとか。僕のクリニックでは、25gで1万8000円、50gで1万8360円、75gで2万1600円、100gで2万5200円と設定しています（2018年11月現在）。

保険適用の治療とくらべて、高いと感じるでしょうか？　でも、数あるガン治療の代替医療の中で、「費用対効果」で考えれば、けっして高額とは言えないのです。

たとえば今、人気のある代替医療に「免疫療法《めんえき》」があります。僕たちの体の中にもともとある免疫機能を高めることで、ガンを含めたさまざまな病気を抑制するという治療法です。このうち「免疫細胞療法」（「受動免疫療法」、「養子免疫療法」とも）は、血液をいったん体外に出し、それぞれの病気に強い免疫状態にしてから体内に戻す方法です。ガンの場合は、血液中で免疫反応を担うリンパ球などを活性化させます。1クールの治療でだいたい250万円、平均3クール行うので総額750万円くらいかかるのが一般的です。それでも、治療を希望する患者さんは後を絶ちません。

ちなみに、この免疫細胞療法の有効率は、「長期不変」も含めて70％です。抗ガン剤の有効率は約20％と言われています。

ここで、有効率とはなんなのか、説明しておきましょう。ある薬を投与した人のうち病気の改善が見られた人の割合を１００％とすると、投与しなかった人のうち改善した人が30％だった。この場合、両者の差の70がその薬の有効率です。よく誤解されるのですが、有効率70％というのは、「その薬を飲んだ人の70％に有効」という意味ではないのです。

さらに言えば、「病気の改善が見られた」というのは、「病気が治った」ということではありません。ガンで言うなら、１回でも、１㎜でもガンが小さくなったら「有効」となります。その後、治癒《ちゆ》しようが死亡しようが関係ありません。つまり、有効率が高いからと言って病気が治るとは限《かぎ》らないのです。そう考えると、免疫細胞療法の有効率70％に対して７５０万円の治療費が高いか安いか……これは、意見の分かれるところでしょう。

ビタミンC点滴が他の治療法と比べて治療費が高いとは言えない、ということはわかっていただけたのではないでしょうか。

実のところ、僕のクリニックの料金設定は、赤字になるかならないかというギリギリのラインなのです。当院では断糖（ダイエット）相談料は初回6480円ですが、再診は3240円いただくようになっています（2018年11月現在）。ビタミンC点滴は1〜2時間もかかりますから、1日数人にしか提供できません。それでも、ガンを治すためには、なるべく点滴の回数を多く受けてほしい。だから、ビタミンC点滴の金額は最低限に抑えているというのが実情です。

本当は、ビタミンC点滴が保険適用になれば一番いいのですが……前に述べた理由で、その道のりは険《けわ》しいと言わざるを得ません。

抗ガン剤の副作用も緩和する

ガンの患者さんにビタミンC点滴をおすすめしたい理由は、まだあります。それは、ビタミンC点滴は「抗ガン剤と併用《へいよう》するとメリットが大きい」ということです。

ご存じのとおり、抗ガン剤はガンの3大療法の一つであり、保険適用の治療では重要な選択肢となります。手術の前にガンを縮小させるために使うこともあれば、手術後に転移を防ぐために使うこともあります。手術をしないという選択ならば、多くの場合、抗ガン剤がメインの治療法になります。

抗ガン剤にもいろいろな種類がありますが、主な作用は、ガン細胞を攻撃して増殖を抑制するというものです。問題は、ガン細胞だけでなく、正常な細胞まで攻撃してしまうこと。細胞が傷つけられるから、さまざまな副作用が生じてしまうのです。

抗ガン剤の副作用には、脱毛、吐き気、体の痛み、消化機能の停滞《ていたい》、口内炎症、全身の倦怠感《けんたいかん》などがあり、薬の種類によって、また患者さんの体質によって現れ方は異なります。いずれにしても、患者さんの生活の質を下げることは間違いありません。こういった副作用が怖《こわ》くて、抗ガン剤を使いたくないという人は多いでしょう。

しかし、ビタミンC点滴を併用すれば、抗ガン剤の副作用を緩和できます。「抗ガン剤が細胞を攻撃する」というのは、ようするに細胞を激しく酸化させるということです。ビタミンCには強力な抗酸化作用があるので、抗ガン剤による酸化ダメージから細胞を保護してくれるというわけです。

実際、僕のクリニックでビタミンC点滴を受けている患者さんの多くは、「抗ガン剤の副作用が気にならなくなった」と言います。一番良いのは、抗ガン剤治療を受けた後、5日から1週間、毎日ビタミンC点滴を受ける方法です。こうすれば、副作用はほとんど現れません。

また、ビタミンC点滴には、抗ガン剤の作用を増強する効果があります。通常の抗ガン剤は何か月も投与していると耐性《たいせい》が生じて効率が悪くなってくることがよくありますが、それ自体が抗ガン効果のある超高濃度ビタミンC点滴療法との併用により抗ガン剤の効果を高めるだけではなく、抗ガン剤の副作用を弱めることができます。

ビタミンCが抗ガン剤の主な副作用である悪心《おしん》、食欲低下、全身倦怠などの全身状態の悪化を防いだり、改善したりすることが、ガンに打ち克つためには重要となります。

さらに言えば、ビタミンC点滴を併用することによって、抗ガン剤の使用量を減らせる可能性があります。ビタミンC点滴を使えば、抗ガン剤をガンガン使わなくても治療効果が上がるからです。ただし、それには抗ガン剤治療を行う医師の協力が必要です。

僕は、胃ガンの患者さんに「主治医の先生に、抗ガン剤の量を減らしてくださいって頼んでみませんか?」と言ったことがあります。その人は、抗ガン剤の副作用で激しい吐き気や痛みに襲われ、歩くのもやっとというほどげっそりしていました。

患者さんが思いきってお願いすると、主治医の先生は、抗ガン剤の使用量を10%ほど減らしてくれたそうです。それでも、腫瘍マーカーの数値はむしろ減少し続けました。副作用はほとんど出なくなり、体調も回復して元気に歩きまわれるようになりました。

たった10%減らしただけでも副作用が激減し、ガンの治療効果が上がったのは、ビタミンC点滴を併用したからだと考えられます。ビタミンC点滴と抗ガン剤は相性《あいしょう》が良いのでしょう。抗ガン剤治療を受けている人こそ、ビタミンC点滴を受けてほしいと思います。

僕の医療哲学は、「治ればなんでもいい」

「抗ガン剤は毒性が強いうえに、ガンを治す効果が低い」。最近は、このような理由から抗ガン剤を使いたくないと言う人が増えています。

たしかに、抗ガン剤の有効率は20%ほどで、治癒実績ははかばかしくありません。抗ガン剤はガンの進行を遅らせることはできても、ガンを治す効果が高いとは言えないのです。辛《つら》い吐き気や痛みに耐えながら抗ガン剤治療を続けても、ガンはちっとも治らない。そこで抗ガン剤をはじめとする化学療法を一切やめて、代替医療だけに専念するそういう患者さんをときどき見かけます。自由診療で代替医療を提供する医師の中にも、「アンチ抗ガン剤」派は多くいます。

でも、僕は抗ガン剤を否定するつもりはありません。抗ガン剤にもいろいろな種類があり、患者さんによっては相性が良いこともある。一定の効果があると認められたものなのだから、量を加減しながら組み合わせて使えばいい。実際、ビタミンC点滴と抗ガン剤のように相性の良い組み合わせもあります。

有名なガンの専門医に、「抗ガン剤は効かない」、「ガンと闘《たたか》うな」などと著書の中で言っている人がいます。著書は大ヒットしましたから、その影響でアンチ抗ガン剤派になった人も少なくないでしょう。この意見に、僕はまったく賛成できません。

ガンには、ビタミンC点滴のように、まだあまり知られていない治療法もあるし、抗ガン剤にも未知の使い方があるかもしれない。そういった可能性を探ろうともせず、ただ「闘うな」と言うのは、患者さんに「死ね」と言っているようなものではないでしょうか。医師ならば、命に関わる病気と闘わない、つまり「治療しない」ことを安易《あんい》にすすめてはいけないと思います。

大事なのは患者さんを治すことであって、手段ではありません。だから、代替医療のクリニックにいながら、僕は西洋医学の良いところは積極的に取り入れていますし、患者さんに「抗ガン剤をやめろ」とは言いません。西洋だろうが東洋だろうが、「患者さんが治れば、なんでもいい」というのが僕のスタンスです。

西洋医学は、全然病気を治していない

代替医療を扱う医師に「アンチ抗ガン剤派」がいる一方で、ガンの化学療法を行う医師の中には、代替医療に反感をもつ人が少なからずいます。実際、「ビタミンC点滴を併用している」と言ったら主治医に止められた、という話をよく患者さんから聞きます。だから、僕はいつも患者さんに「主治医の先生には内緒にしたほうがいいですよ」と言っています。本当は、主治医の先生に情報を共有してもらい、抗ガン剤の量を調整してもらうのが、患者さんの体にとっては一番いいのですが……。

では、そういう医師たちは、なぜビタミンC点滴に反対するのでしょうか?

患者さんに聞いたところによると、どうも確《かく》たる理由はないようです。彼らの多くは、ビタミンC点滴のことをよく知りません。「代替医療＝よくわからない」から、「わからないものは怪しい」と調べもしないで断じているのです。

西洋医学の医師は、よく「代替医療はエビデンスがないから非科学的だ」と言います。しかし、代替医療の多くはいくつかの治療と組み合わせて行うことが多いので、効果を数値化するのが非常に難しい。たとえば漢方薬は、多種類の生薬《しょうやく》を混合することで相乗効果が現れるものです。だから「一つひとつの生薬の作用を示してみろ」などと言われても、不可能でありナンセンスなのですが、データを出せなければ「非科学的だ」と言われてしまいます。

誤解のないよう繰り返しますが、僕は普通に西洋医学を学んできましたし、現在のクリニックでも西洋医学の治療を取り入れています。

ただ、25年ほど医師をやってきて、ふと気づいたのです。

「西洋医学って、全然病気を治してないじゃないか」と。

左ページのグラフは、1890年代と1990年代のイギリスの乳ガンの生存率です。

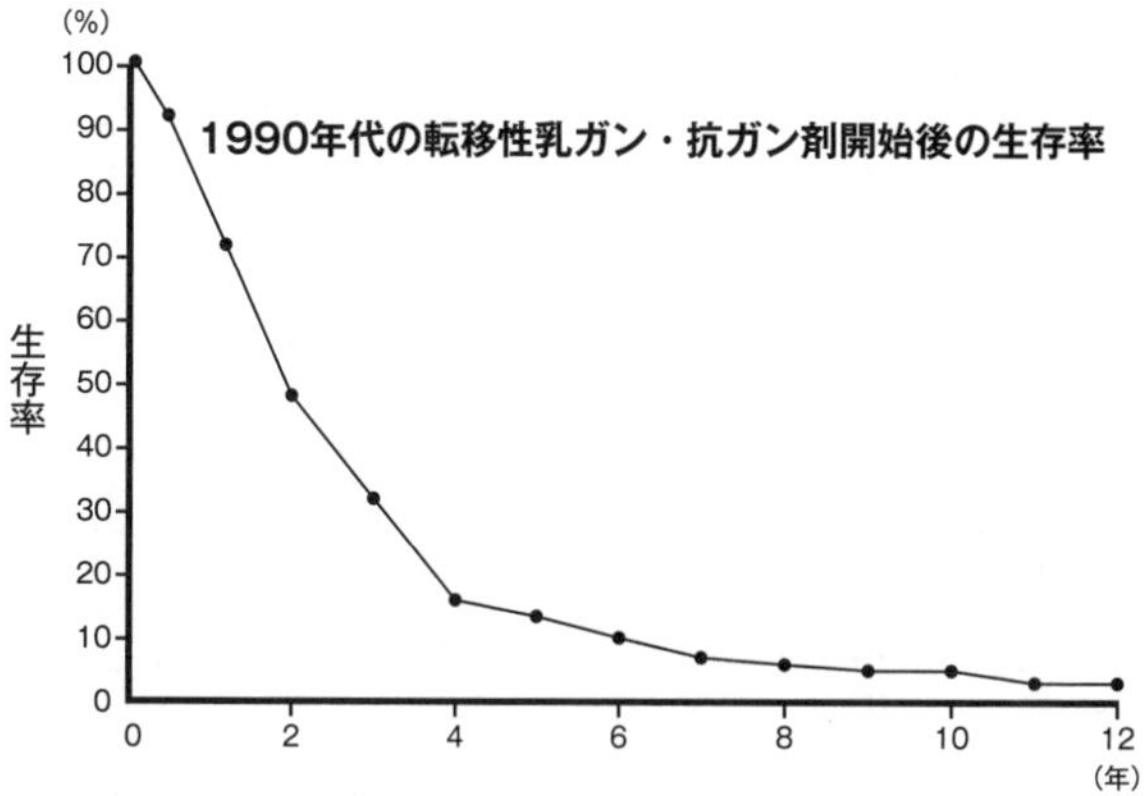

出典：『Journal of Clinical Oncology』1996：14：2197-2235

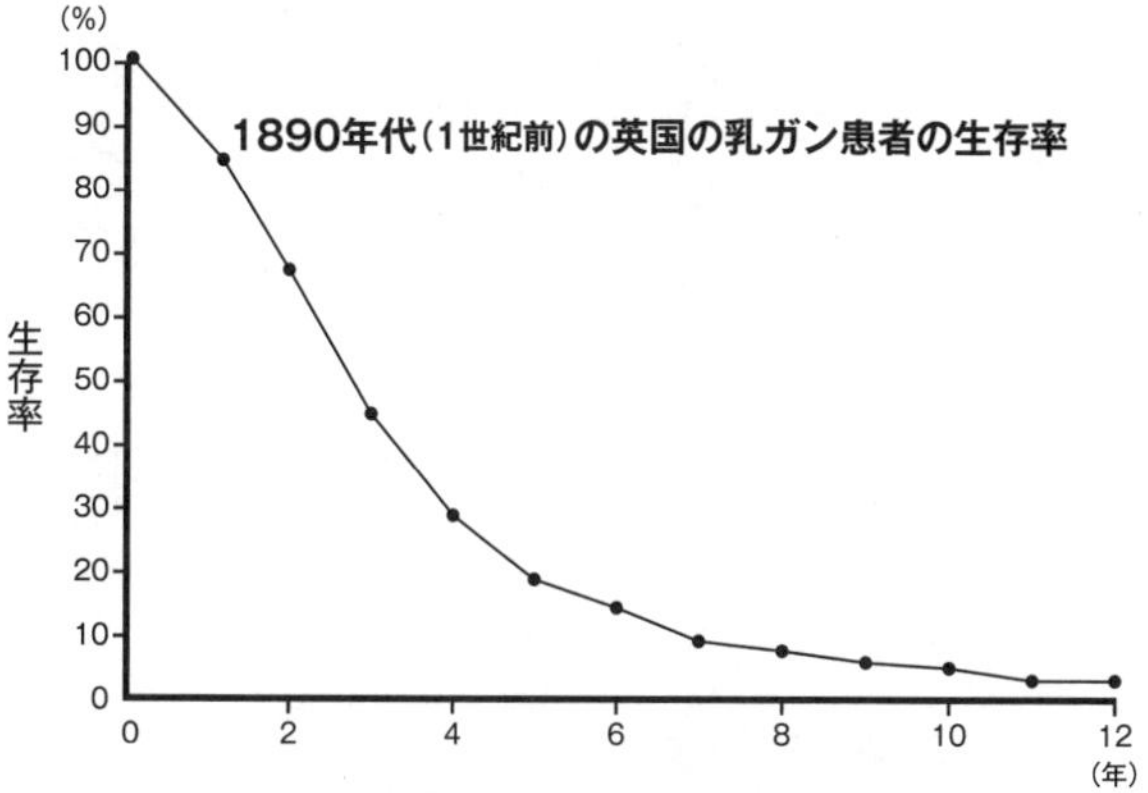

出典：『British Medical Journal』1962：8：213-221

乳ガン患者の生存率

見てわかるとおり、この1世紀で生存率はほとんど変わっていません。医療は進歩したと言うけれど、結局、病気を治せるようにはなっていないのです。

西洋医学の治療は、基本的に対症療法《たいしょうりょうほう》です。ガンでも糖尿病でも、症状を抑えることはできるけれど、治すことはできていない。風邪一つとっても、医師は治していないのです。100年経《た》っても、それは変わっていません。

そう考えると、僕が大学で教わってきた西洋医学というのは、世の中に必要な医療のうちのほんの一部なのではないか。だとしたら、今日本では西洋医学が圧倒的に主流だけれど、他の医療にもっと目を向けるべきなんじゃないか……。

そう気づいてから、僕はビタミンC点滴と断糖による治療法をもっと広めたいと思うようになりました。

そこで近年は、癌先進補完医療研究会で発表をしたり、自《みずか》らノンカーボ総合医療研究会を立ち上げて研究会を主宰《しゅさい》したりしています。ガンの患者さんだけでなく、医師のみなさんにも、ぜひこの新しい可能性に目を向けていただきたいと思うからです。

ビタミンCだけでは、ガンは治らない

さて、ここまではビタミンC点滴が「抗ガン剤」としていかに優秀か、ということをお話ししてきました。ただ、ビタミンC点滴でガンが治癒したというケースは多くはありません。延命効果があることは明らかなのですが、最終的に患者さんは多くがガンで亡くなっています。

それは、ガン細胞がビタミンCを取り込みやすい環境になっていないからだと考えられます。

「なんだ、ビタミンC点滴では、ガンは治らないの？」とガッカリしたでしょうか。

ご安心ください。「断糖食事療法」を同時に行うことで、治癒率は飛躍的に上がると考えられるのです。

超高濃度ビタミンC点滴療法を、断糖の食事をしながら行うことで、末期ガンの患者さんが完治したことは、前章でお話ししましたね。

逆に、断糖を中止したことで、ガンが悪化してしまった例もあるのです。

前章の冒頭（20ページ参照）に登場したAさんを覚えているでしょうか。末期の胃ガン

だったのに、ビタミンC点滴と断糖の治療を受けたら、3か月でほとんど治ったという70歳の男性です。

3か月目の検査で腫瘍マーカーがほぼ正常になり、画像検査でもガンが消えかけているのがわかったとき、僕はAさんに「ほとんど治っていますよ」と言いました。そのとき、Aさんは顔色も見違えるほど良くなっており、全身にエネルギーがみなぎっているかのようでした。

ところが、2週間後に来院したときは、顔色がくすんでいて、体もだるそうです。

「Aさん、食べちゃいました？」

「……すみません、餃子《ぎょうざ》を食いました」

僕が「ほとんど治った」と言ったので、Aさんは油断してしまったのですね。せっかく3か月断糖を続けていたのに、「良くなったのだから、もういいだろう」と思って糖質のある食品を食べてしまったのです。

一度食べると歯止めが利《き》かなくなってしまうのが、糖質の恐ろしいところです。

Aさんは、その後もちょくちょく糖質をとっていたようで、みるみる体調が悪くなっていきました。それに応じるかのように、腫瘍マーカーの値はどんどん上がっていきます。顔色は初めて来院したときのようにどす黒くなり、全身から生気が失われていくのが見てわかりました。

ビタミンC点滴の効果は、断糖があってこそ

Aさんは、その後どうなったのでしょうか？

残念ながら、僕にはわかりません。断糖のルールを破ったことが気まずかったからか、クリニックに来なくなってしまったからです。

通院中、Aさんはビタミン C点滴をずっと続けていました。しかし、途中で断糖に挫折したら、消えかけていたガンがあっという間に増殖してしまった。たった2週間で、見た目にもわかるくらい、ガンが悪化してしまったのです。

「ほとんど治った」なんて、油断させるようなことを言わなければよかった、と僕は後悔しています。

実際のところ、ついつい糖質をとってしまう患者さんは珍しくありません。そういう人

は、例外なく即座にガンが悪化します。これは、「断糖の食事があってこそ、ビタミンC点滴の治療効果が高まる」ということの証拠と言えます。

なぜ、断糖するとビタミンC点滴の効果が高まるのでしょうか？

それは、ガン細胞の主なエネルギー源がブドウ糖だからです。いや、どの細胞もブドウ糖をエネルギーとするのは同じですが、ガン細胞は正常細胞の数倍も多くのブドウ糖を取りこむ性質があるのです。

ガンはブドウ糖が大好物で、他の細胞の分までいち早く横取りする、いわばジャイアン（漫画『ドラえもん』の登場人物。とても乱暴なガキ大将）のような奴《やつ》なのですね。

その性質を利用したのが、ガンの検査方法であるＰＥＴです。ＰＥＴでは、ブドウ糖に似たＦＤＧという成分を点滴で体内に入れ、全身に行き渡らせて撮影します。すると、ＦＤＧが集中的に存在する位置が画像に現れ、そこにガンがあることがわかるのです。

超高濃度ビタミンC点滴の機序も、これと同じです。血中にビタミンCが大量投入されると、ガンはビタミンCを取りこもうとする。その結果、ビタミンCから発生した過酸化水素がガンを攻撃するというのは、前にお話ししたとおりです。

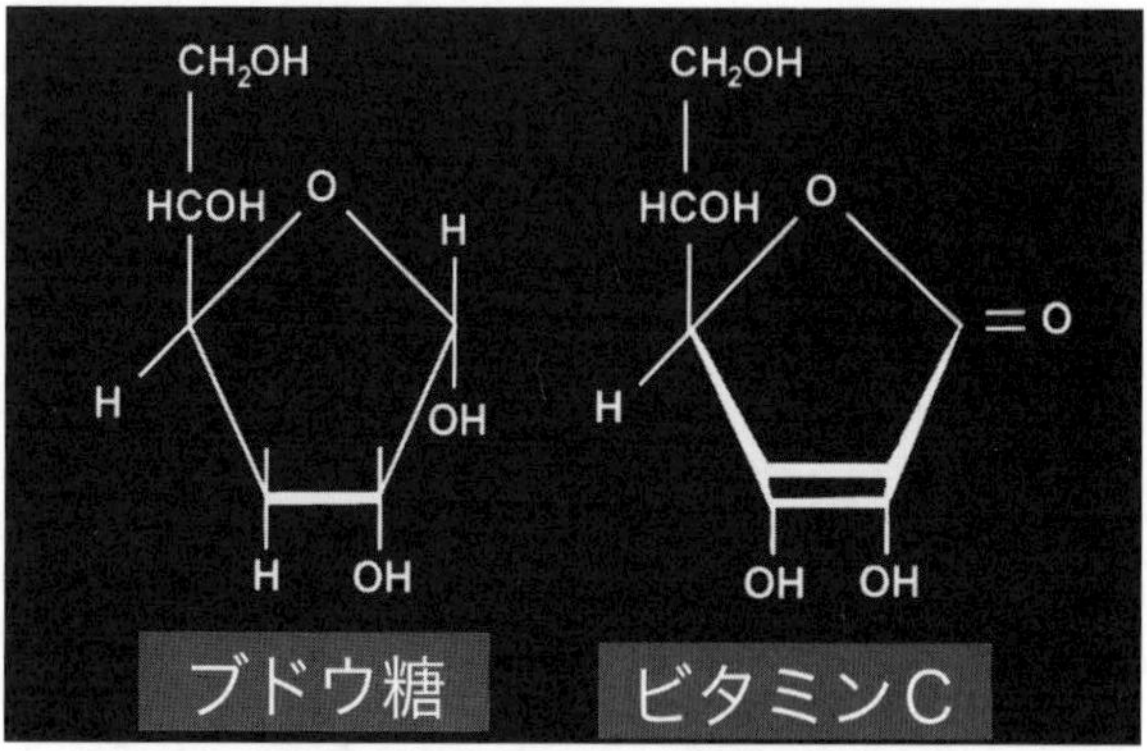

ブドウ糖とビタミンCの化学構造はそっくり

ブドウ糖の化学構造は、ビタミンCとよく似ています。

だから、ガンはブドウ糖と間違えてビタミンCに飛びつくのではないか、と僕は考えています。

しかしそこで、血中にブドウ糖が大量に存在していたら、どうなるでしょう？

ガン細胞は、ブドウ糖でお腹がいっぱいになってしまい、ビタミンCを取りこもうとしないはずです。それでは、ビタミンCがガン細胞を攻撃する頻度は少なくなり、ガンの増殖を抑えられなくなるでしょう。

だから、糖質を断つ、「断糖する」ことが重要なのです。

断糖して血中のブドウ糖の量を減少させ、ガン細胞を飢餓状態にしておいてこそ、ビタミンC点滴の効果が十分に発揮されるわけです。

ガン治療には、ビタミンC点滴に加えて、断糖が絶対に欠かせないということがわかっていただけたでしょうか。

次章では、その断糖食事療法の作用について詳しく解説しましょう。

第3章
ガンを治したければ、糖を断て！

ガンは「糖質」を食べて増殖する

さて、いよいよここからは超高濃度ビタミンC点滴療法と並ぶガン治療のかなめ、「断糖食事療法」についてお話しします。

断糖とは、読んで字のごとく「糖を断つ」こと。ここで言う糖とは、炭水化物から食物繊維を除いた「糖質」のことです。その糖質を、できる限り食事から排除する、それが断糖療法です。

最近、若い女性を中心に「炭水化物抜きダイエット」や「糖質制限ダイエット」などと呼ばれるダイエット法が人気です。ご飯やパン、麺類などの炭水化物を控えて、肉や魚を中心に食事をとる方法ですね。

ごくおおざっぱに言えば、断糖も基本的な考え方は同じです。ただし、ダイエットのためではなく、ガンを治すためなので、より厳密になります。

なぜ、炭水化物をとらないことが「ガンが治る」ことにつながるのか。そのメカニズムをおさらいしましょう。

ガン細胞の主な栄養分はブドウ糖です。血液中にブドウ糖が豊富に存在すると、ガン細

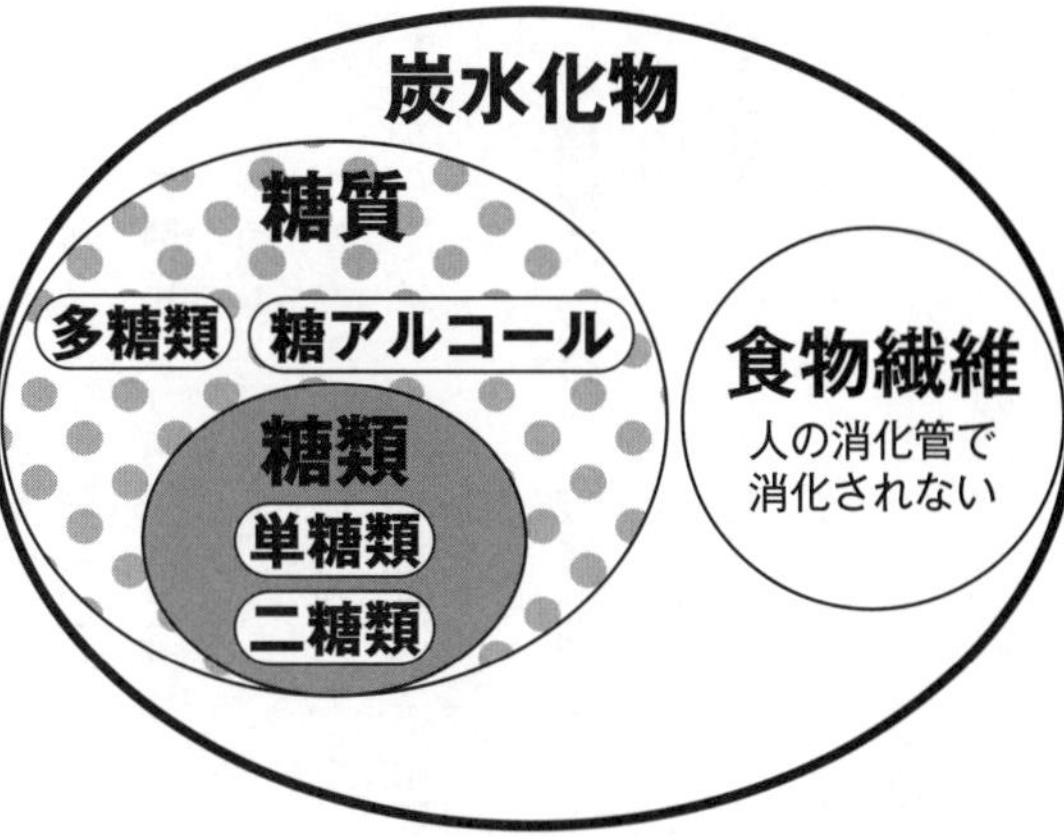

糖質の関係図

胞はどんどん栄養を取りこみ、増殖します。だから、ガンを撲滅《ぼくめつ》するためには血中のブドウ糖を極力減らす必要があるのです。

ブドウ糖は、果物や蜂蜜などの中に含まれているグルコースのことで、もっとも小さい単位の糖の一種です。

糖質には、単糖類（ブドウ糖、果糖、ガラクトース）と二糖類（砂糖、乳糖、麦芽《ばくが》糖など）からなる「糖類」と、多糖類（三糖類以上。オリゴ糖、でんぷんなど）と糖アルコール（キシリトール、ソルビトールなど）などがあります。よく食品で「糖類ゼロ」という表示を見かけますが、それは単糖類と二糖類を含まないということ。「糖質ゼロ」ということではありません。

いろいろな種類の糖質がありますが、消化吸収される際には、すべて単糖類に分解されます。単糖類のうち果糖とガラクトースは、肝臓でブドウ糖に変わります。

私たちが口にするご飯やパン、果物やお菓子に含まれる糖質は、最終的にはすべてブドウ糖、つまりガン細胞の餌《えさ》になっているのです。

だから、ガンを治すためには糖質を断つ、「断糖」することが必要なのです。

断糖療法の第一人者に学ぶ

「ガン細胞はブドウ糖を好む」という性質を僕が知るきっかけになったのは、荒木裕《あらきひろし》氏という日本人医師の存在でした。

その荒木先生のことを僕が知ったのは、2007年、知人の宮本匡《みやもとただし》氏と話していたときのことです。宮本氏は、元大手広告代理店の社員で、数々のダイエット法をヒットさせた健康オタク。その彼が、「こんなすごい治療法があるんだよ」と見せてくれたのが、荒木先生が著《あらわ》した『断糖宣言!』(エディットハウス)という本でした。

荒木先生は、兵庫県加古川市にある崇高《すうこう》クリニックの院長です。崇高クリニックでは、1980年代から断糖療法を提唱し、原則2週間の入院をともなう食事指導を行っています。2週間の入院中は、毎日3食、糖質抜きの食事です。食事を徹底的に管理することにより、断糖を実現して、生活習慣病などを治療するのです。

知人が僕に見せてくれた本は、荒木先生が同志と自費出版したものでした。断糖することのメリットがいろいろ書いてあり、非常に面白い本でした。僕は、さっそく翌週、2日間の体験入院をするために兵庫県へ出かけました。

荒木先生にレクチャーを受けながら、断糖生活を体験したら、断糖することでガンの進行を遅らせられること、糖尿病や高血圧、痛風《つうふう》が2週間で治ることを知りました。そして実際に断糖食をお腹いっぱい食べても食後の眠気やだるさがありませんでした。このとき僕は「断糖ってすごい！」と感動して、自ら実践するようになったのです。

「糖質は人体に必要なエネルギー」ではない？

荒木先生のクリニックでは、断糖療法によって糖尿病や肥満症、自律神経失調症、統合失調症、うつ病などにめざましい治療実績を上げていました。しかしガンに関しては、当時、治癒にまで至った例は少なく、「断糖はガンの進行を遅らせる」というのが荒木先生の見解でした。

僕は、超高濃度ビタミンC点滴と断糖を組み合わせたことで、ガンの完治に成功しました。今では、僕は荒木先生の協力をあおいでガン治療を行うことがあります。荒木先生のクリニックは保険診療を行っているので、保険適用外のビタミンC点滴を行えず、僕のクリニックには入院施設がありません。

そこで、患者さんに荒木先生のクリニックに入院してもらい断糖を導入し、僕のところでビタミンC点滴を受けてもらうのです。

繰り返しになりますが、ガン細胞はブドウ糖が大好物です。

血中のブドウ糖が欠乏（けつぼう）したところに、ブドウ糖と化学構造が似ているビタミンCを投入すると、ガン細胞はブドウ糖と間違えて積極的にビタミンCを取りこむと考えられます。より多くのガン細胞を攻撃するためには、血中のブドウ糖をできるだけ減らして、ガンを飢餓状態にす

すると、ビタミンCから過酸化水素が発生してガン細胞を攻撃するのです。

る必要がある、というのが僕の治療法の理論です。

ところが、一般の病院では、あろうことか末期ガンの人にもブドウ糖点滴を行っています。その理由は、「ブドウ糖は人体に必要なエネルギーだから」。

こう思いこんで、自覚のないままガンに餌を与えながら、一方で抗ガン剤を投与しているのです。

一般の病院では、糖質を制限すべき糖尿病の人にさえ、完全なる断糖を指導していません。医療従事者に限らず、学校教育の場でも「糖質は人体に必要なものだ」という考えは絶対的です。

しかし、これは思いこみにしか過ぎません。糖質を断ったからといって、僕たち人間が困ることなど、実はないのです。

3大栄養素の炭水化物が「必須」でない理由

僕たちは、学校で「3大栄養素をバランスよくとりましょう」と教わってきました。3大栄養素とは、「炭水化物・たんぱく質・脂質」です。特に炭水化物は、主食としてもっとも多くとることが推奨されています。

たんぱく質は、皮膚や筋肉、骨や髪の毛など人体の大部分を形成する材料になります。脂肪は、細胞膜やホルモンなどの材料となります。

3大栄養素以外にも、ビタミン類やミネラルは、代謝を促進《そくしん》したり免疫をつけたりといった生命維持活動を支えています。

では、炭水化物は何になるのかと言うと、実はエネルギーにしかなりません。

血管も脳も骨も、遺伝子も免疫もホルモンも、炭水化物とはまったく関係ないのです。

車で言えば、炭水化物はガソリンにあたります。車ならガソリンがなければ走れませんが、人体の場合は、果たしてどうなのでしょうか?

たんぱく質が肝臓で分解されると、ブドウ糖と脂肪が作られます。脂質は、もっとも熱量の高いエネルギーとして、体内に蓄積されます。

つまり、エネルギーはたんぱく質と脂質からも作られるので、糖質がなくても体を動かすことができるのです。

脳のエネルギー源はブドウ糖だけなので、「炭水化物は脳のために必要だ」という意見をよく耳にします。しかし、たんぱく質を十分とっていれば、脳に必要な分のブドウ糖も供給されるのです。

たんぱく質と脂質は、体内で分解されるとそれぞれ「必須《ひっす》アミノ酸」と「必須脂肪酸」になります。

主な穀類・主食メニューの糖質量

（可食部100ｇ当たり）

食　品　名	糖質量(g)
精白米	76.6
半つき米	74.0
玄米	70.8
はいが米	74.0
もち	49.5
小麦粉(薄力粉1等)	73.4
食パン	44.4
フランスパン	54.8
ライ麦パン	47.1
クロワッサン	42.1
うどん(生)	55.6
うどん(ゆで)	20.8
そうめん・ひやむぎ(乾)	70.2
そうめん・ひやむぎ(ゆで)	24.9
中華めん(生)	53.6
中華めん(ゆで)	27.9
即席中華めん(油揚げ)	59.0
即席中華めん(非油揚げ)	64.8
マカロニ・スパゲッティ(乾)	69.5
マカロニ・スパゲッティ(ゆで)	26.9
ピザクラスト	48.8
そば(生)	51.8
そば(ゆで)	24.0
とうもろこし(玄穀)	61.6
コーンフレーク	81.2

人体に「必須」だけれど、体内で作ることのできない物質です。だから、たんぱく質と脂質は、必ず口から摂取しなければならない栄養素とされるのです。

しかし、「必須炭水化物」、「必須ブドウ糖」などと呼ばれるものはありません。これは、炭水化物が本当は「必須」ではないことを如実《にょじつ》に示していると思います。それなのに、いまだにたんぱく質・脂質と並ぶ「3大栄養素」と呼び、大量摂取を推奨しているのが不思議でなりません。

はっきり言って、現代の普通の生活をしている人が炭水化物を必ず摂取すべきということの根拠はまったくありません。むしろ、炭水化物のとり過ぎのほうが問題なのです。

炭水化物を余らせている現代人

炭水化物、つまり糖質から作られるエネルギーは、もっとも速《すみ》やかに分解され、消費されます。そのため、スポーツ選手や肉体労働者が手っ取り早くエネルギー補給をするためには、おにぎりや甘い物を食べるのが一番です。激しく体を動かす人なら、炭水化物を摂取する意味があるのです。

しかし普通の人は、糖質をたくさんとってもエネルギーとして消費しきれません。余ったブドウ糖は、皮下脂肪や内臓脂肪、筋肉内脂肪として蓄《たくわ》えられます。これが現代人の肥満、ひいては脂質代謝異常症や高血圧など生活習慣病の大きな要因となっているのです。

こう言うと、「日本人は昔からご飯をたくさん食べていたけれど、生活習慣病が増えたのは最近では？」と思う人もいるでしょう。

現代日本人のほとんどは、数十年前と違い、農作業などの労働に1日中汗を流すことはありません。交通機関が発達したため、長時間歩く機会も減っています。1年中空調のきいたオフィスにいるので、体温調節のためにエネルギーを消費することもほとんどありません。現代人の消費エネルギーは、かつての日本人より大幅に減っているのです。

それなのに、昔と同じように、いや昔よりもバリエーションに富んだ炭水化物メニュー（ご飯、パン、麺類など）を大量にとっているのが、現代の日本人です。これでは、肥満率が上昇するのも当たり前ではないでしょうか。

日本人に生活習慣病が増えた原因は、脂質の摂取量が増えたからだという説もあります。もちろん、それも一因ですから、脂質を控《ひか》えるべきなのは言うまでもありません。

しかし、糖質のとり過ぎにも注意するべきだと僕は思うのです。

運動しても、糖質のせいでやせられない？

肥満を解消するために、運動をしている人も多いでしょう。しかし、運動しても真っ先に消費されるのはブドウ糖で、体脂肪ではありません。

人体で生成されるエネルギーには、「解糖系」と「ミトコンドリア系」の2系統があります。解糖系は、糖質を材料に酸素を使わず即効で作られるエネルギー系統です。激しいスポーツや肉体労働など、瞬発的に動く無酸素運動では、解糖系が使われます。

それに対して、ミトコンドリア系は、主にたんぱく質や脂質を材料に酸素を使って時間をかけてエネルギーを作ります。ミトコンドリア系のエネルギーは、ウォーキングや水泳などの有酸素運動で消費されます。

体脂肪を消費するには、無酸素運動ではなく有酸素運動をする必要があります。これはよく知られている事実で、ダイエットや健康のために有酸素運動をしている人は多いことと思います。

ただし、ミトコンドリア系のエネルギーを消費するまでには、運動を20分以上続けなければなりません。それだけでなく、年齢に応じた適切な脈拍数で運動しなければならないという難しい条件もあります。

つまり、運動によって体脂肪を減らすのは難しく、多くの人はブドウ糖を消費しているだけである可能性が高いのです。

ブドウ糖は、炭水化物を食べれば食べるほど増えていきます。有酸素運動でも無酸素運動でも、運動をし始めれば消費されますが、消費しきれなければ体脂肪に変わります。体脂肪は、ブドウ糖を消費しきらないうちは減りません。だったら、ブドウ糖、つまり炭水化物の摂取量を控えたほうがダイエットの近道と言えるのではないでしょうか？

激しいスポーツをする人、肉体労働をする人には、ある程度糖質が必要です。しかしそれ以外の人は、必要なエネルギーを何から摂取するか、よく考える必要があると思います。

糖質をとると、やる気が出なくなる

糖質をとることの弊害はまだあります。それは、脳の働きが鈍《にぶ》ることです。

ご飯をしっかり食べた後、眠くなったりボーッとしたりするのは誰もが経験のあることでしょう。よく「血液が消化器官に集中して、脳に回らなくなるからだ」と言われるのですが、これは俗説《ぞくせつ》です。脳という大事な器官の血流が低下することは、よほどの緊急事態でなければあり得ません。

実際は、脳内のドーパミンの機能が低下しているのです。ドーパミンとは、運動機能やホルモンの調節、そして意欲や快感を呼び起こす脳内の神経伝達物質です。そのドーパミンが、炭水化物を摂取すると機能低下を起こすと言われているのです。

ドーパミンの機能が鈍くなると、意欲が低下し、体もだるく感じます。だから、ご飯を食べた後は、頭が働かなくなってやる気が起きないのです。学校で炭水化物たっぷりの給食を出しながら、午後に「しっかり勉強しろ」と言うのは理不尽な話と言えます。

サラリーマンも同じで、ランチにうどんやラーメン、丼ものを食べたら、当然午後の仕事に支障が出ます。

ドーパミンの低下は、うつ病の原因の一つでもあります。また、自閉症やそれに伴う統合失調症やアスペルガー症候群の一種は、ドーパミンの機能障害に影響を受けやすいことがわかっています。

断糖すれば、食後に脳の働きが鈍ることはありません。それだけでなく、精神疾患や脳の機能性障害の治療にも大きな効果があります。これについては、後の章で詳しく述べましょう。

一方、炭水化物には交感神経を優位にさせ、緊張状態をもたらすという側面もあります。だから、イライラしやすい人、キレやすい人、落ち着きのない子どもなどは、炭水化物抜きの食事をすると、落ち着きを取り戻す場合があります。以前、イギリスのある刑務所で食事を炭水化物抜きにしたら、暴力事件が劇的に減ったという報告もあります。

ご飯がキライだった子ども時代

僕自身は、2008年から糖質抜きの食生活を始めましたが、まったく不自由はなく、体も頭もスッキリ軽快です。今では家に炊飯器もありません。

僕は、糖質をとると、頭がボーッとして体がだるくなるだけでなく、喉の内側がむくんで詰まるような感じがします。蕎麦《そば》アレルギーなどと同じように、炭水化物に反応して喉の粘膜に浮腫が起こっているのだと考えられます。

僕は少々アスペルガー症候群の気があるからか（医師にはそういう人間が多いのです）、糖質の影響を受けやすいようです。

子どものころから、ご飯を食べると喉に詰まったような感じがしたり眠くなったりして、嫌だなあと思っていました。そう言うと「変なことを言うんじゃありません！」と親に怒られて、無理やり食べさせられていました。

家は商売をしていて忙しかったので、幼稚園のころから、僕はお腹が空《す》くと勝手に何か作っては食べていました。ご飯も甘い物も嫌いだったので、作るのは主に肉料理です。たまに母親が丼ものやお寿司を作り始めたら、横でジンギスカンを作って一人で食べるという、ちょっと変わった子どもでした（僕の実家は北海道なのです）。

子どものときは好き嫌いが多かったのですが、大人になってからはなんでも食べるようになりました。医師になってからも、糖質の弊害を知らなかったころは、ご飯やパンを普通に食べていました。

ただ、朝食に玄米ご飯を食べると、どうも眠くてしかたがないのです。「食べる量が足りないんじゃないか」と思って、さらに食べるとますますだるくなる。「なんでこんなにやる気が出ないんだろう?」というのが、若いころの僕の悩みでした。

今思えば、好き嫌い以前に、僕は糖質に反応しやすい体質だったのですね。もしも糖質の弊害を知らないまま、ずっとご飯を食べ続けていたら、僕はもっと重大な精神疾患に陥《おちい》っていたかもしれません。

でも、断糖と出会えたおかげで、僕は毎日、朝から晩まで非常にアグレッシブに働けるようになりました。それだけでなく、3か月で17kgという超短期ダイエットを難なく成功させることができたのです。このダイエット体験については、次の第4章で公開しますので、お楽しみに。

これが僕の断糖メニュー

さて、ここまで読んできたみなさんは、断糖の食事とは具体的にどんなものなのか、気になっていることでしょう。ここで、僕のある日の食事を紹介します。

朝食

豚ロース肉（3枚）のソテー

ホウレンソウ（葉のみ）のソテー

目玉焼き（2個）

昼食

鶏のしゃぶしゃぶ

鶏肉（300g）

春菊（葉のみ、50g）

もやし（100g）

豆腐（120g）

夕食

鮮魚のカルパッチョ

チーズ盛り合わせ
ラム肉のステーキ

朝は忙しいので、フライパン一つでできるメニューです。

豚ロース肉を3枚と目玉焼きを2個、オリーブオイルで焼いて、同じフライパンで茎《くき》を切り落としたホウレンソウを炒めます。岩塩を使ってもいいのですが、僕はそのままのほうが好きなので味付けはしません。

昼食は、クリニックの隣にあるスタッフルームで調理をします。鶏肉をたっぷり300g使ったしゃぶしゃぶに、春菊の葉、もやし、豆腐を加えてポン酢で食べます。鶏の代わりに、豚肉かラム肉のときもあります。ポン酢は、極低糖の柚子《ゆず》果汁（「柚子の精」®）と醬油、3年熟成の黒酢で作ります。鍋に残った肉のスープは、滋養強壮になるので塩コショウを足して飲みます。

夕食は、いつも仕事で遅くなるので、たいてい懇意にしているレストランで食べます。僕が行くレストランは、断糖のことを承知しているので、糖質抜きのメニューを出してくれます（僕にパンを出すホールスタッフは、新人さんだとわかります）。メインは、ラムチョップのソテーのときもあります。お酒を飲むときは、蒸留酒か、ヴィンテージの古めの赤ワインです。

断糖食の特徴は、ずばり「肉が主食」

僕がいつも食べているものを見て、一般的な日本食との違いに驚いたでしょうか。まず、よくある「低糖質」メニューなどと違い、根菜類《こんさいるい》は一切使わず、ご飯やパンといった「主食」を、本当に少しも食べていないこと。そして、肉をかなりたくさん食べることが特徴と言えます。

断糖食事療法は、その名のとおり糖質を徹底的に断つことが原則です。

米や小麦を使った主食は、炭水化物の塊なので、基本的に一切とりません。

糖質を抜いたうえで必要なカロリーを摂取するためには、たんぱく質を豊富にとる必要があります。なかでも、肉はほとんど糖質がなく、なおかつ必須アミノ酸を多く含むので、断糖に最適の食品です。そのため、断糖療法では、「主食」として肉をたっぷり食べるのが基本です。

　僕が昼食に肉300gのしゃぶしゃぶを食べるのを、多過ぎると思う人もいるでしょう。でも、これだけの量を食べるからこそ、糖質抜きでも満腹になるのです。昼食で満足感を得られないと、どうしても間食をつまみたくなってしまいます。間食で甘い物を食べるくらいなら、肉を食べたほうがずっといいのです。

　とはいえ、肉ならなんでもいいというわけではありません。

たとえば牛の霜降《しもふ》り肉をたくさん食べたら、脂質をとり過ぎてカロリーオーバーになってしまいます。また、肉の脂肪は飽和《ほうわ》脂肪酸であり、とり過ぎると心筋梗塞や脳梗塞の原因となります。

　ちなみに、牛肉は赤身でも30%ぐらい脂肪が含まれているので、僕はあまり食べません。牛は本来、草食動物ですが、日本の肉牛はほとんど穀類を食べて育っています。人間と同じように、牛も糖質をとり過ぎると、余ったブドウ糖が脂肪に変わり、筋肉内脂肪や皮下脂肪などが増えます。そんな糖尿病のような牛の肉を食べるなんて、そもそも健康的とは言えません。

主な肉の糖質・たんぱく質・脂質量

（可食部100 g 当たり）

食品名	糖質(g)	たんぱく質(g)	脂質(g)
牛(和牛)			
かた 脂身つき(生)	0.3	17.7	22.3
かた 赤肉(生)	0.3	20.2	12.2
かたロース 脂身つき(生)	0.2	13.8	37.4
かたロース 赤肉(生)	0.2	16.5	26.1
リブロース 脂身つき(生)	0.2	12.7	44.0
リブロース 赤肉(生)	0.3	16.8	27.5
サーロイン 脂身つき(生)	0.3	11.7	47.5
サーロイン 赤肉(生)	0.4	17.1	25.8
ばら 脂身つき(生)	0.1	11.0	50.0
もも 脂身つき(生)	0.5	18.9	17.5
もも 赤肉(生)	0.6	20.7	10.7
ヒレ 赤肉(肉)	0.3	19.1	15.0
牛ひき肉(生)	0.5	19.0	15.1
ぶた(大型種)			
かた 脂身つき(生)	0.2	18.5	14.6
かた 赤肉(生)	0.2	20.9	3.8
かたロース 脂身つき(生)	0.1	17.1	19.2
かたロース 赤肉(生)	0.1	19.7	7.8
ロース 脂身つき(生)	0.2	19.3	19.2
ロース 赤肉(生)	0.3	22.7	5.6
ばら 脂身つき(生)	0.1	14.2	34.6
もも 脂身つき(生)	0.2	20.5	10.2
もも 赤肉(生)	0.2	22.1	3.6
ヒレ 赤肉(生)	0.2	22.8	1.9
ぶたひき肉(生)	0.0	18.6	15.1
にわとり(成鶏)			
むね 皮なし(生)	0.0	24.4	1.9
もも 皮なし(生)	0.0	22.0	4.8
ささ身(生)	0.0	24.6	1.1
にわとり(若鶏)			
むね 皮なし(生)	1.2	22.3	1.5
もも 皮なし(生)	0.0	18.8	3.9
ささ身(生)	0.0	23.0	0.8
鶏ひき肉(生)	0.0	20.9	8.3
ラム			
かた 脂身つき(生)	0.1	17.1	17.1
ロース 脂身つき(生)	0.1	18.0	16.0
もも 脂身つき(生)	0.2	19.0	14.4

だから僕は、牛肉よりも豚肉や鶏肉、ラム肉を食べるようにしています。

牛肉を食べたい人は、オーストラリアやニュージーランド産の「グラス・フェッド・ビーフ（牧草飼育牛肉）」がおすすめです。日本の牛肉より硬いのですが、草を食べさせて育てているので、糖質は少なめです。

一方、魚の脂肪は血液をサラサラにすると言われる不飽和脂肪酸です。特に青魚は、不飽和脂肪酸であるDHAやEPAが豊富なので、積極的に食べてほしい食材です。僕は、昼食で肉のしゃぶしゃぶに飽きたら、サバやブリで寄せ鍋を作ります。

肉をたくさん食べるけれど、肉の脂肪はなるべくとらない。これが僕の推奨する断糖食の鉄則です。

「糖質制限は危険」という誤解

最近、炭水化物抜きダイエットや糖質制限に反対する医師の声が、しばしばメディアに取り上げられています。それらを見ると、「糖質制限反対派」が糾弾《きゅうだん》しているのは、主に「アトキンス・ダイエット」のことだとわかります。

アトキンス・ダイエットとは、アメリカのロバート・アトキンス博士が提唱したダイエット法で、1990年代からアメリカで大ブームとなりました。簡単に言えば、炭水化物を制限し、代わりに肉は制限なしという方法です。

しかし、アトキンス法実践者は肥満率が高くなり、糖尿病や心筋梗塞、脳梗塞などのリスクが高まるというデータが出てきたことから、その効果が疑問視されるようになりました。アトキンス博士自身も肥満体で、2003年に心臓病により突然死したとあって、現在では国内外の研究機関が警鐘《けいしょう》を鳴らしています。

アトキンス法の問題点は、肉を無制限に食べてよいとしたことで、動物性脂肪をとり過ぎる人が続出したことです。現在日本で見聞きする糖質制限反対派の論点は、ほとんどこの「動物性脂肪のとり過ぎ」にあります。

しかし、僕がすすめる断糖療法は、アトキンス法とは似て非なるものです。

先ほども述べましたが、動物性脂肪を極力とらない「高たんぱく・低脂肪」が原則です。牛肉や豚肉は脂肪の少ない赤身を、鶏肉はささみや胸肉を選ぶこと、また魚も多く食べることを指導しています。

危険なのはアトキンス法であって、「糖質を制限すること」ではありません。反対派の先生方には、この点を区別していただき、糖質制限がすべて危険であるかのようにおっしゃるのはやめていただきたいと思います。

もう一つ、ここが肝心ですが、僕が断糖をすすめる第一の目的は、ガンを治療するためであり、ダイエットのためではありません。たしかに、炭水化物を一切とらない食事は常識的とは言えません。しかし、ガンを治すため、生命を守るためならば、一定期間だけでもチャレンジする価値があると思うのです。

野菜と果物の糖質にも注意

断糖するためには、主食を穀類から肉や魚に変えるだけでは不十分です。

糖質は実に多くの食品に潜んでいて、それらを極力排除しなければなりません。その一つが、野菜です。

「野菜には糖質なんてないんじゃない？」と思われるでしょうか。実は、ほとんどすべての野菜には、多少なりとも糖質が含まれています。穀類ほどではないにしても、食べれば

主な野菜と果物の糖質量

（可食部100g当たり）

食　品　名	糖質量(g)	食　品　名	糖質量(g)
ジャガイモ(生)	16.3	青ピーマン(生)	2.8
サツマイモ(生)	29.2	トマト(生)	3.7
西洋カボチャ(生)	17.1	キュウリ(生)	1.9
ニンジン(皮むき 生)	6.5	なす(生)	2.9
タマネギ(生)	7.2	根深ネギ(葉 軟白 生)	5.0
ゴボウ(生)	9.7	枝豆(生)	3.8
ダイコン(根 皮むき 生)	2.8	サヤエンドウ(若ざや 生)	4.5
ホウレンソウ(葉 生)	0.3	グリーンピース(生)	7.6
小松菜(葉 生)	0.5	ソラマメ(未熟豆 生)	12.9
春菊(葉 生)	0.7	スイートコーン(未熟種子 生)	13.8
ニラ(葉 生)	1.3	リンゴ(生)	13.1
白菜(結球葉 生)	2.9	温州ミカン(袋ごと 生)	11.0
キャベツ(結球葉 生)	3.4	日本なし(生)	10.4
レタス(結球葉 生)	1.7	甘がき(生)	14.3
チンゲン菜(葉 生)	0.8	もも(生)	8.9
クレソン(茎葉 生)	0.0	アボカド(生)	0.9
緑豆モヤシ(生)	1.3	ゆず(果汁 生)	6.6
ブロッコリー(花序 生)	0.8	レモン(果汁 生)	8.6

血中のブドウ糖は確実に増えます。

ジャガイモやサツマイモはもちろん、カボチャやニンジン、タマネギ、ゴボウなどにも糖質が多く含まれます。根菜類は、総じて糖質が多い傾向があります。

葉物類は、糖質が非常に少なく、安心して食べられる数少ない野菜です。ただし、茎の部分は糖質が比較的多いので、先端の葉っぱの部分だけを切り落として食べます。

僕はいつも、ホウレンソウや小松菜、春菊などの葉っぱだけを色づけ程度に食べています。白菜は茎がほとんどですから、葉先を少し食べるだけです。ブロッコリーも、緑の部分だけを食べて、茎は全部処分します。

僕はよく患者さんに、「葉野菜の茎は見るだけにしてください」と冗談まじりに言っています。もったいないと思うでしょうが、ガンを治すためですから、背に腹は替えられません。

果物はすべてNGです。糖質が多いのはもちろんですが、体を冷やすのも問題です。あれは本来、観賞用で、人間が食べるものではないのです。旧約聖書には、イブが禁断のリンゴを食べて、アダムとともに楽園を追放されるくだりがありますね。あれは、まさに果物が食べ物ではないことを示しているのだと思います。

ガン患者の糖質摂取量は「1日5g」まで

ほとんどの野菜も果物も、断糖的にはNGとなると、「何を食べればいいの？」と途方にくれてしまうでしょうね。そこで、糖質の量の上限を知り、それ以上食べないように調節する方法を伝授しましょう。

僕は、ガンの患者さんには、糖質を「1日5g」に抑えるよう指導しています。本当は完全に0gにするのがいいのですが、糖質を含む食品をすべて排除するのは物理的に不可能です。そこで、1日5gと決めて、それ以下に控えてもらうようにしているのです。

糖質5gとは、どれくらいの量なのか。それは、文部科学省が調査・公表している「日本食品標準成分表」から算出できます。

糖質とは、炭水化物から食物繊維を除いた成分のこと。食品100gあたりの炭水化物量（g）と食物繊維量（g）は、食品標準成分表に記されています。

前者の数値から後者の数値を引けば、糖質量がわかるというわけです。本章の表にある糖質量は、すべてこの計算式で算出しています。食品標準成分表は各種書籍として発行されていますし、文部科学省のサイト「食品成分データベース」でも簡単に検索できます。

たとえば、西洋カボチャの場合はこうです。

炭水化物20・6g－食物繊維3・5g＝17・1g

この17・1gが、西洋カボチャ100gあたりの糖質の量です。西洋カボチャは食物繊維が比較的多いのですが、炭水化物も多いので、「糖質が多い食品」と言えます。
一方、ダイコンならこうです。

炭水化物4・1g－食物繊維1・3g＝糖質2・8g

ダイコンの炭水化物は少なめですが、食物繊維も少ないので、糖質の量は無視できない程度と言えます。
では、アボカドはどうでしょう。

炭水化物6・2g－食物繊維5・3g＝糖質0・9g

アボカドはダイコンより炭水化物が多いのですが、食物繊維も多いので、糖質はダイコンの3分の1しかありません。

このように、食物繊維が多い食品は、炭水化物が多くても糖質じたいは少なくなります。

右記はあくまでも食品100g中の糖質量ですから、「1食あたりの摂取量が何グラムか」ということも計算に入れなければなりません。たとえば柚子やレモンは100gあたりの糖質が6・6g以上と多いのですが、薬味として数滴使うだけなら問題ない、という判断になります。

糖質を1日5g以内に収めるためには、糖質の少ない食品を選んで、なおかつ量を計算して食べること。これがポイントです。その点、アボカドのように食物繊維のおかげで吸収される糖質が少ない食品は、狙《ねら》い目です。他には、オクラ、もやし、ブロッコリー、冬《とう》瓜《がん》、葉物野菜、そして海藻類などがおすすめです。一方、きのこ類と豆類は、食物繊維は多いのですが、炭水化物も多いので、注意が必要です。左ページの表に比較的糖質の少ない野菜を掲げているので、参考にしてください。

ただ、肉と魚を十分食べていれば、野菜をたくさん食べる必要はありません。その理由は、後で明らかにします。

おすすめ野菜の炭水化物と食物繊維と糖質量

（可食部100g当たり）

食品名	炭水化物(g)	食物繊維(g)	糖質量(g)
オクラ(生)	6.6	5.0	1.6
ホウレンソウ(葉 生)	3.1	2.8	0.3
小松菜(葉 生)	2.4	1.9	0.5
春菊(葉 生)	3.9	3.2	0.7
チンゲン菜(葉 生)	2.0	1.2	0.8
クレソン(茎葉 生)	2.5	2.5	0.0
緑豆モヤシ(ゆで)	2.3	1.5	0.8
ブロッコリー(花序 生)	5.2	4.4	0.8
アボカド(生)	6.2	5.3	0.9
冬瓜(ゆで)	3.7	1.5	2.2
まいたけ(ゆで)	3.6	3.6	0.0
マッシュルーム(ゆで)	3.7	3.3	0.4
乾燥わかめ(素干し 水戻し)	5.9	5.8	0.1

人間はもともと肉食動物だった

「肉と魚を十分食べていれば、野菜をたくさん食べる必要はない」。こう言われても、にわかに信じられない人がほとんどでしょう。多くの人の頭の中には、「肉は体に悪い」、「野菜を食べなきゃ病気になる」という考え方が強烈にインプットされているからです。

でも、人間がもともと「肉食動物」だったとしたら、どうでしょう?

人類の起源は、一説によると、今から200～400万年前、アフリカ大陸に誕生したアウストラロピテクスという猿人《えんじん》なのだそうです。猿人から原人に進化を遂《と》げたとき、人類の祖先は世界中に散らばっていきました。その先々で旧人類が生まれ、20万年くらい前に現代の人間と同種類の新人類が誕生しました。

その後、人類が農耕生活を始めるまで、彼らは主に狩猟によって食糧を得ていました。木の実や草を採取することもあったのですが、植物性の食べ物は非常食であり、ほとんど動物性のものを食べていたことがわかっています。

それを証明する遺跡が、日本にあります。縄文時代のものと思われる大森貝塚遺跡からは、動物の骨や貝殻ばかりが出土していて、植物性の食物を食べていた形跡はほとんど見当たりません。

僕たちの祖先は、つまり「肉食動物」だったのです。

日本人が米を食べ始めたのは、3500~6500年前と言われています。それ以前の数百万年という年月を、人類はほぼ肉食動物として生き抜いてきました。圧倒的に長い年月、主に動物性の食べ物を受け入れてきた人類の体は、本来肉食に向いているはずです。

その証拠に、僕たちの体には、草食動物より肉食動物に近い消化器官があります。草食動物の消化器官は、たとえば牛に四つの胃があるように、複雑な形状をしています。植物は消化に時間がかかるので、腸内細菌が繁殖《はんしょく》しやすく消化しやすい構造になっているのです。

逆に、肉食動物の消化器官は単純です。たとえばライオンの胃は一つで腸はまっすぐの管状です。人間の胃も一つですし、腸は長いものの、どちらかと言えば肉食動物のようにストレートです。

数百万年も肉食を続けてきた人類の体は、本来肉食に向いているということがわかっていただけたでしょうか。それを証明してくれる人たちが、実は現代の世界にもいます。

肉しか食べないイヌイットが元気な理由

1970年代、ヨーロッパの研究者たちがグリーンランドに暮らす先住民族イヌイットの生活を調査しました。イヌイット族は氷雪地帯に住んでいたので、穀類や野菜や果物を一切食べていません。食べるものと言えば、アザラシや白クマの肉だけです。

しかし、イヌイットには虫歯がなく、糖尿病や心筋梗塞やガンの人はほとんどいませんでした。野菜をまったく食べていないのに、なぜ生活習慣病が極端に少ないのか？　この疑問に、当時の研究者たちは頭を悩ませました。「イヌイットは特殊な体質で、ビタミン

Cを体内合成できるのではないか」などという珍説も飛び出しましたが、もちろん違います。

イヌイットは、肉だけを食べていたから生活習慣病にならなかったのです。

それは、一つにはアザラシの肉に含まれるEPAにより動脈硬化になりにくかったこと。もう一つは、穀類などから糖質をとっていなかったことが影響していると考えられています。

彼らの伝統的な生活は、しかしその後近代の文明生活に傾《かたむ》いていき、パンやビスケットなども食べるようになりました。すると、とたんに虫歯や糖尿病、心筋梗塞、ガンなどの病気が増加しました。以前はほとんどなかった病気が、糖質をとり始めたら急増したのです。このことは、肉中心の食生活の、ひいては断糖の効果を如実に物語るものではないでしょうか。

他にも、モンゴルの遊牧民やネパールの高地民族、アイヌ民族の中にもほぼ肉食という人たちがいて、病気になりにくいという調査結果が出ています。このことから、人間は肉だけ食べていても、十分健康的に生きていけることがわかります。

肉と魚に含まれるビタミン・ミネラル

	効能ほか	多く含む肉・魚介類
ビタミンA	活性酸素の消去、皮膚・粘膜の新陳代謝	各種レバー、ウナギ、銀ダラ
ビタミンB_1	神経の働きに関係	豚肉、ウナギ
ビタミンB_6	エネルギー産生・ホルモン合成	サケ、イワシ、マグロ、サバ、鶏肉
ビタミンB_{12}	赤血球・白血球・核酸をつくる	牛レバー、イワシ、カキ、ハマグリ
ビタミンC	肉・魚介類では不足、果物では果糖が多過ぎ	
ビタミンE	小麦胚芽油・ひまわり油に含まれ老化防止・抗酸化作用がある	ウナギ、アジ、シシャモ、ハマチ、サンマ
カルシウム	骨や歯の主成分。心を安定させる	魚介類、牛乳
亜鉛	不足すると糖尿病や皮膚病のリスク	魚介類（とくにカキ、アワビ、カツオ）、牛乳
鉄分	ヘモグロビンを構成したり酵素を生成したりする	レバー、貝類

それと言うのも、肉には意外とビタミンやミネラルが豊富に含まれているからです。

豚肉にはビタミンB1が、鶏肉にはビタミンB6が含まれています。魚にも、ビタミンA・B群・D・E、カルシウムや亜鉛といったミネラル類を含むものがたくさんあります。肉と魚だけを食べていても、相当量のビタミン・ミネラル類が摂取できるのです。先ほど「野菜をたくさん食べる必要はない」と述べたのは、このためです。

ただし、ビタミンCだけは、肉と魚から摂取することはできません。

断糖を実践する人は、ビタミンCだけはサプリメントでとることをおすすめします。果物からとるのは、糖質が多いのでおすすめできません。

コレステロールのリスクは、断糖で減らせる

肉中心の食生活となると、コレステロールが心配だという人もいるでしょう。たしかに、穀類や野菜と比べると肉にはコレステロールが多く含まれます。

しかし、体内にあるコレステロールのうち、食事から供給されるのはわずか3割程度で、残りの7割は肝臓で作られます。食事で得る量が多ければ、肝臓で作られるコレステロールの量は減らされるので、食事でとる量をそれほど気にする必要はないのです。

ただし、糖質をとっているとコレステロールのリスクは増大します。

糖質から作られるブドウ糖は、血液中の細菌の餌になります。血中のブドウ糖が増えると、細菌ものすごい勢いで増殖します。すると、血管の内壁が細菌によって傷つけられ、そこにコレステロールが溜まって沈着し、動脈硬化が起こるのです。

動脈硬化が進行すると、心筋梗塞や脳梗塞を引き起こします。心筋梗塞をはじめとする心疾患はガンに次ぐ日本人の死因第2位、脳梗塞をはじめとする脳血管障害は第4位です。その恐ろしい動脈硬化の元凶が、コレステロールだと言われているのです。

しかし、そもそもの原因は血管に傷がついたこと、ひいては糖質をとったことなのです。血管の内壁は、本来ツルツルとなめらかなので、コレステロールがある程度多くても、沈着することはありません。

つまり、断糖していれば、コレステロールによって動脈硬化が起こるリスクが少なくなるのです。もちろん、脂肪と同じくコレステロールのとり過ぎはいけませんが、「とらなさ過ぎ」も問題です。

そもそも、コレステロールは細胞を包む細胞膜やホルモンの材料となる物質ですから、人体には絶対に必要です。特に「善玉」と呼ばれるHDLコレステロールは、血管に沈着する「悪玉」のLDLコレステロールを引きはがす作用があり、不足すると動脈硬化の危険性が高まります。コレステロールならなんでも減らせばよいというものではないのです。

にもかかわらず、「コレステロール＝体に悪いもの」というイメージが定着したのは、ある実験がきっかけでした。

1913年、アニスコフというロシア人医学者が、ウサギにコレステロールを含む餌を与えたところ、動脈にコレステロールが沈着して動脈硬化になりました。この実験結果から、「コレステロールは危険」という考え方が広まったのです。

しかし、これはウサギが草食動物で、食べた分のコレステロールを小腸で100%吸収してしまうからです。肉食動物なら、小腸でコレステロールの吸収量が調節されます。人間も同じで、コレステロールを大量に摂取したとしても、ウサギのように全部吸収することはありません。これは、人間がもともと肉食動物だったことの証拠ともとれます。

元来肉食だった人間が、コレステロールのとり過ぎを心配する必要は、実はほとんどありません。脂質代謝異常症を患っているならともかく、普通の人なら、肉を食べることのメリットのほうが大きいと考えていいでしょう。

「1日30品目」に根拠はなし

穀類に果物、野菜の多くもダメとなると、食べられる食品の数が少ないことに不安を感じる人がいるかもしれません。よく「1日30品目を食べよう」と言いますが、このスローガンに照らし合わせると、たしかに断糖食は食品数が足りないように見えます。

「1日30品目」が推奨されるのは、「多くの種類の食品を食べたほうが、さまざまな栄養素がとれる」からだと思われます。未知の栄養素も含めて、できるだけ多くの成分を体に取り入れることで、健康効果を狙おうという発想です。

しかし、それは同時に、未知の有害な成分を取り入れる危険性もはらんでいます。必要か必要でないか、よくわからないけれど、「とりあえずいろいろ食べておけばいいんじゃないか」という発想だとしたら、非常に根拠が曖昧《あいまい》でリスキーなスローガンだと言えるのではないでしょうか。

僕が子どものころ、食卓にのぼるおかずと言えば、魚料理ぐらいしかありませんでした。それも、北海道ではホッケの開きか、キンキの煮つけか、カレイの煮つけの繰り返しです。魚の違いはあるのでしょうが、1960~70年代の日本の一般家庭は、だいたい同じようなものだったと思います。いや、もっと昔の明治時代から考えても、日本の食卓に10種類以上の食品が並ぶことはまれだったはずです。

しかし数十年後、「毎日、できるだけ多くの食品を食べよう」と推奨されるようになって、どうなったか。肥満率が上がり、生活習慣病が増え、2人に1人がガンで死亡する時代になったのです。

数少ない食品しか食べていなかった時代は、日本人の糖質やカロリーの摂取量は今ほど多くなかったに違いありません。それなのに、「食品数を増やそう」と言うのはなぜなのでしょう？　そして「30品目」という数の根拠も、僕にはわかりません。

健康な人なら、数多くの食品を食べることのメリットに賭けるのもいいでしょう。しかし、ガンの治療や予防を目的とするなら、食べるものは厳選しなければいけません。

油断大敵！　調味料にも糖質が……

糖質は、よほど注意していなければ、知らず知らずのうちに摂取してしまいます。特に危ないのは、調味料です。

「たかが調味料」と思うでしょうが、ほんのわずかの糖質で体調が悪化した例もあります。危険な調味料を知っておきましょう。

塩は糖質ゼロですから、問題ありません。砂糖は糖質そのものですから、基本的にＮＧです。みりんも１００ｇあたりの糖質は43・２ｇと多いので避《さ》けましょう。

濃口醤油の１００ｇあたりの糖質は10・１ｇで、味噌は17・０ｇ（米味噌の赤色辛口）、米酢は７・４ｇです。いずれも原料の大豆や米に糖質が多く含まれますが、発酵することによって分解されるので、なるべく発酵期間が長いものを選びます。味噌は、甘味噌よりも辛い味噌のほうが糖質が少ない傾向にあります。

主な調味料の糖質量

（可食部100g当たり）

食品名	糖質量(g)
ウスターソース	26.3
中濃ソース	29.8
濃口醤油	10.1
薄口醤油	7.8
米酢	7.4
本みりん	43.2
みりん風調味料	54.9
味噌(米味噌 甘味噌)	32.3
味噌(米味噌 赤色辛味噌)	17.0
ケチャップ	25.6
マヨネーズ(全卵型)	4.5
マヨネーズ(卵黄型)	1.7
フレンチドレッシング	5.9
固形コンソメ	41.8
カレールウ	41.0

　ウスターソースは26・３ｇ、ケチャップは25・６ｇ。こういった加工調味料は、総じて砂糖がたっぷり使われているので、避けたほうがよいでしょう。すきやき・焼き肉のたれ、麺つゆ、ポン酢なども、同様です。

マヨネーズ（卵黄型）は、1・7gと糖質が少ないので、市販のものでも大丈夫です。原材料に「糖」や「カラメル」と書いてあったら、糖質が含まれていると考えてください。「○○のたれ」、「○○の素」といった加工調味料の多くは、食品添加物が入っているので、体に良いとは言えません。面倒でも、できれば手作りするのが安全です。もしくは、糖質をカットした加工調味料が販売されているので、インターネットで探してみるのもいいでしょう。

コショウなどの香辛料は、使用量がごくわずかなので問題ありません。僕は、豚肉や鶏肉を焼いたら岩塩とコショウだけ、もしくはそのまま食べます。肉にはナトリウムが含まれていますから、そのままでもけっこう美味《おい》しいのです。

ガンの患者さんに限らず、避けたほうがいいのは、肉や魚を砂糖やみりんで味付けして加熱すること。

たんぱく質と糖質を一緒に熱すると、たんぱく質が糖化してAGEが大量に発生します。AGEとは、最近話題の老化物質で、体内の組織を劣化させるものです。この組織の劣化が、さまざまな病気の要因となっていることが最近わかったのです。

肉や魚を甘く味付けする料理と言えば、すきやき、照り焼き、魚の煮つけ、北京ダック、酢豚……など。日本人が好きなものばかりですが、こういったメニューが老化を早めることを、ぜひ頭に入れておいてほしいと思います。

いずれにしても、糖質を断っていれば、ＡＧＥの発生を防げます。断糖は、老化防止にも効果的なのです。

お酒やお茶は、何を飲む？

「断糖中にお酒を飲んでいいですか？」

これは、実によく聞かれる質問です。結論から言うと、糖質の多いお酒はダメですが、糖質の少ないお酒なら大丈夫です。

僕もお酒が好きでよく飲みますが、一番多いのはジンやウイスキーといった蒸留酒です。蒸留酒は蒸留の過程でほとんど糖質がなくなります。ウイスキーとブランデーは１００ｇあたりの糖質が０・０ｇ。ジンとラムは０・１ｇですから、安心して飲めます。

逆に、醸造酒は発酵期間が比較的短いので、糖質が多く残っています。なかでも多いの

酒と茶の糖質量の一覧表

（可食部100g当たり）

食品名	糖質量(g)	食品名	糖質量(g)
清酒(上撰)	4.9	ジン	0.1
清酒(純米酒)	3.6	ラム	0.1
清酒(本醸造酒)	4.5	焼酎	0.0
清酒(吟醸酒)	3.6	梅酒	20.7
清酒(純米吟醸酒)	4.1	玉露茶(浸出液)	微量
ビール(淡色)	3.1	煎茶(浸出液)	0.2
ビール(黒)	3.4	番茶(浸出液)	0.1
ビール(スタウト)	4.6	ほうじ茶(浸出液)	0.1
ブドウ酒(白)	2.0	玄米茶(浸出液)	0.0
ブドウ酒(赤)	1.5	ウーロン茶(浸出液)	0.1
ブドウ酒(ロゼ)	4.0	紅茶(浸出液)	0.1
紹興酒	5.1	コーヒー(浸出液)	0.7
ウイスキー	0.0	ココア	18.5
ブランデー	0.0	麦茶	0.3
ウォッカ	0.0		

は、米から作られる日本酒です。本醸造酒は４・５g、純米酒は３・６g。１合（約１８０g）飲めば、「１日５g」の糖質量を超えてしまいます。

ぶどうを原料とするワインは、白が２・０gで赤が１・５g。熟成期間が長いものほど糖質が少なくなります。僕はフランス料理やイタリア料理を食べるとき、なるべく製造年の古いヴィンテージワインを飲むようにしています。

ビールは、淡色のものが３・１gで黒ビールが３・４g。大麦麦芽が主原料で、発酵期間が短いからでしょう。

350㎖缶（約350g）1本で、淡色なら10・85gの糖質をとってしまうことになります。ビールは米やコーンスターチを使っているものは糖質が多いので、麦芽とホップだけで作られたものがおすすめです。「発泡酒」や「第3のビール」は糖質ゼロの商品が各社から発売されています。しかし、糖質ゼロといっても、糖質がわずかに含まれている製品もあるので注意してください。

お茶は、浸出液《しんしゅつえき》なら、ほとんど糖質がありません。強《し》いて言えば、烏龍《ウーロン》茶や紅茶のように茶葉を発酵させたものより、日本茶のほうがわずかに多くなります。浸出液の100gあたりの糖質は、日本茶0・2gに対して烏龍茶と紅茶は0・1gです。

ただし、粉砕した茶葉をそのまま飲む場合は、糖質が多くなります。粉茶や抹茶は、避けたほうがいいでしょう。

同じく、豆を砕《くだ》いて抽出《ちゅうしゅつ》するコーヒーや、大麦から抽出する麦茶も糖質が多めです。

なぜ「減糖」ではなく「断糖」なのか

さて、ここまで読んできたみなさんは、断糖食事療法をどう思ったでしょうか。

「完全に断糖するなんて無理！」

「少しくらい食べてもいいよね？」

おそらく、こう思った人がほとんどでしょう。実際、糖質ゼロの食品だけで生活するのは不可能なので、僕も1日5gまでは許容《きょよう》としています。

しかし、あえてはっきり言わせてください。

「ガンを治すことが目的なら、完全なる断糖を目指すべきだ」と。

糖尿病治療のため、あるいはダイエットのために、糖質制限が有効だということは最近とみに知られるようになってきました。その方法の多くは、糖を減らす「減糖」です。

しかし、ガンは「減糖」では治りません。徹底的に糖質を断つことを目指す「断糖」でなければ、ガン細胞を消滅させられないのです。

なぜならば、糖質には「中毒性」があるからです。

炭水化物をとると、脳内にβ《ベータ》エンドルフィンという麻薬様物質が増えます。麻薬と同じように、βエンドルフィンが枯渇《こかつ》すると脳は炭水化物を強烈に欲します。そこで「パン1個だけなら」と思って食べると、やがてもう1個食べたくなる。そうして少しずつでも食べ続けていると、だんだん欲求がエスカレートして止まらなくなります。無性に甘い物を食べたくてイライラするのは、まさに炭水化物中毒なのです。

麻薬をやめたい人が、「ちょっとだけ」と使い続けていたら、絶対にやめられないことは想像に難くないでしょう。「ちょっとだけ」と糖質をとり続けていたら、ガン細胞に餌を与え続けることになってしまいます。

だから、「減糖」ではガンを治すことができないのです。僕としては、減糖する程度なら普通に食べても同じだと言いたいくらいです。

ガンを治すためには、糖を断つ、「断糖」するしかありません。

次の章で詳述しますが、断糖には、ガンの治療以外にもさまざまな良い効果があります。あなたがガン患者ではないのなら、そこまで厳格に断糖をする必要はないかもしれません。僕も、たまには会食でお寿司をつまむことがありますし、合わせて「ちょっとだけ」と日本酒を飲んでしまうこともあります。

しかし、くどいようですが、「ガン治療のため」なら、あくまでも断糖でなければいけません。

僕の治療経験から言うと、断糖を開始して3日目には中毒症状が治まります。さらに3か月続ければ、治療効果が数値として現れ始めるので、続ける意欲が湧いてきます。ガンの患者さんは、まず3日間、次に3か月間は、とにかく我慢して続けてみてほしいと思います。

断糖をやめた患者さんの末路

ガン治療のためには、あくまでも減糖ではなく断糖。僕がそこまで厳しく戒《いまし》めるのは、途中で断糖をやめた患者さんの悲しい末路を見てきたからです。

岐阜から僕のクリニックに毎週通ってきていたFさんは、右腎臓ガンが肺に転移した60歳代の女性でした。肺のガンがどんどん成長して6㎝に達していたのですが、超高濃度ビタミンC点滴と断糖を始めたところ、体力が回復してきて、1か月でガンの成長が止まりました。ただ、止まったのはいいのですが、なかなか縮小するまでには至りません。

Fさんは中性脂肪も150以下に下がらないので、僕は「怪しいな」と思いました。中性脂肪値が高いということは、余った糖が脂肪になっている可能性が高い。つまり断糖をしていないんじゃないかと思ったのです。

「Fさん、甘い物とか、食べてないですか?」

「食べてませんよ」

でも、僕にはFさんが糖質をとっていることがわかりました。

それでも、本人が食べていないと言い張るのですから、僕にはどうすることもできません。結局、Fさんは7か月後に右腕と右膝の骨に転移が見つかり、動けなくなって僕のクリニックに通うことができなくなってしまいました。

そして9か月後に帰らぬ人となってしまったのです。

治療を始めてしばらく経ったころ、Fさんは体調が良くなったと言って喜んでいたのに……僕はやるせない気持ちでいっぱいになりました。

「ちょっとだけなら」が命取りに

Fさんのように、断糖を続けられなくなり、治療をフェードアウトしてしまう人は珍しくありません。前章でお話ししたAさんを覚えているでしょうか。末期の胃ガンがほとんど治りかけていたのに、油断して餃子を食べたばかりに、炭水化物をやめられなくなり、みるみるガンが悪化した人です。

Aさんのときも、Fさんのときもそうでしたが、きちんと断糖に取り組んでいるかどうか、僕は患者さんを見ればすぐわかります。エネルギーとして使われないブドウ糖は中性脂肪となり、その後、筋肉内脂肪や皮下脂肪、内臓脂肪として蓄《たくわ》えられます。断糖していると、皮下脂肪が減少して体の表面に血管が浮いて見えるようになります。全然見た目が変わらない人は、まず怪しいと思って間違いありません。そして何よりも、こっそり何か食べている人は、僕と目を合わせようとしません。

中性脂肪値が高いのは、糖質の影響だけとは限らないのですが、一つの目安にはなります。中性脂肪の正常値は100〜140くらいなのですが、僕の経験では、断糖によって40ぐらいまで下がると、ガンの治癒効果が出てきます。

もう一つ、空腹時血糖値が80ぐらいになりますが、血糖値は血液検査の直前の食事の影響が強いので、中性脂肪ほど信頼性が高くありません。

Fさんは、おそらく「ちょっとだけなら」とお菓子か何かを食べたのがきっかけで、歯止めが効かなくなったのかもしれません。その代償は、あまりに大き過ぎるものでした。

　こんなこともありました。あるガンの患者さんは、「炭水化物は一切食べていない」と言っていましたが、中性脂肪値は高いままだし、やせていない。治療効果もなかなか現れない。そこで、毎日の食事記録をつけてきてもらうと、カロリーゼロとうたうスポーツドリンクを飲んでいることがわかりました。その成分表示を見ると、果糖が含まれています。カロリーゼロとうたいながら、糖質は若干含まれていた。そうとは知らずにガブガブ飲んでいたので、治療効果が現れなかったのですね。

　ちなみにコカ・コーラゼロは、「糖分ゼロ」とうたっていますが、これとても「糖質ゼロ」ではありません。いわゆる「ゼロ系飲料」は、「糖質」ゼロなのかどうか、よく確かめてから購入することが大切です。

　断糖を続けるには、患者さん一人ひとりが自己管理するしかなく、医師にはどうすることもできません。僕は患者さんを四六時中見張るわけにもいかず、いつも歯がゆい思いをしています。

　患者さんには、「ちょっとだけなら」という甘い気持ちが、最悪の結果につながるかもしれないことを、ぜひ自覚してほしいと思います。

断糖中でも食べられる食品いろいろ

さて、断糖について厳しいお話もしましたが、実際は楽しみながら続けている人もおおぜいいます。食べられるものも意外とたくさんあるので、みなさんが想像しているほど不自由ではありません。

卵は、とても理想的な食品です。高たんぱくでビタミン類も豊富、糖質は100gあたり0・3gとごくわずか。僕は、旅行先で朝食に食べられるものがなければ、目玉焼きだけ6個ぐらい食べます。

この話をすると、みなさんびっくりして、「卵はコレステロールが多いから、1日1個までがしょ」と言います。

しかし、前に説明したように、食事から得るコレステロールは体内に吸収される際、量が調整されます。だから、コレステロール値に異常がない人なら、仮に卵を10個食べても問題ありません。

チーズもコレステロールが多めですが、気にする必要はありません。高たんぱく・低糖質で断糖向きの食品です。

同じく高たんぱくの豆腐は、１００gあたりの糖質が木綿で１・２g、絹ごしで１・７gと優秀です。原料の大豆はゆでた状態で糖質２・７gなのですが、豆乳を濾《こ》すと、おか

おすすめ食品の糖質量一覧表

（可食部100g当たり）

食品名	糖質量(g)
鶏卵(全卵 生)	0.3
鶏卵(卵黄 生)	0.1
鶏卵(卵白 生)	0.4
うずら卵(全卵 生)	0.3
ピータン	0.0
玉子豆腐	2.0
豆腐	
木綿	1.2
絹ごし	1.7
油揚げ	1.4
がんもどき	0.2
こんにゃく(精粉こんにゃく)	0.1
こんにゃく(生いもこんにゃく)	0.3
しらたき	0.1
納豆	
糸ひき	5.4
挽きわり	4.6
チーズ	
カマンベール	0.9
ゴーダ	1.4
チェダー	1.4
ブルー	1.0
プロセス	1.3

らのほうに糖質が多く残るのです。

僕は、水切りした豆腐を炒めてそぼろ状にほぐし、ご飯の代わりに使います。これを「ソイライス」と呼んでいます。そのまま食べてもいいし、カレーライスや丼ものにしてもいけます。

ちなみに、同じ大豆からできる納豆の糖質は100gあたり5・4g。1人前50gのパックなら2・7gです。常温で数日置いておけば発酵が進むので、糖質はもっと少なくなります。ただし、甘味がなくなり臭いが強くなるので、美味しく感じられないかもしれません。

いろいろあるフスマパン

パンの代わりには、「ふすまパン」があります。ふすまとは、小麦の外側の皮のこと。食物繊維や鉄分、カルシウム、マグネシウム、亜鉛などの栄養成分が豊富に含まれる健康食品です。このふすまで作ったパンが、糖質制限をする人向けにインターネットなどで通信販売されています。ただし、ほとんどの商品はつなぎとして小麦粉を配合しており、糖質ゼロではありません。荒木先生のところでは、特許製法で小麦粉を使わないパンを製造し、ネット販売しています。興味のある人は、「Ｄｒ．荒木の健康ふすまパン」で検索してみてください。

他にも、糖質ゼロや低糖質の商品はいろいろ市販されているので、探してみてください。意外と食べられるものが多いことがわかるでしょう。

断糖で作る欧風料理

僕は、２００９年にノンカーボ総合医療研究会を立ち上げて、断糖の病気治療効果・健康効果を広める活動を始めました。その一環として、２０１０年に1泊2日の断糖セミナー合宿を主催しました。河口湖の宿泊施設に20人くらい集めて、断糖のレクチャーを行うものです。

このときは、知り合いのフレンチのシェフがボランティアで来てくれて、糖質ゼロのコース料理を作ってくれました。

参考までに、そのときのメニューの一部をご紹介しましょう。

ポーチドエッグ　スモークサーモンのせ

高たんぱく・低脂肪の玉子とサーモンを使った前菜です。好みでイクラやキャビアなどを飾るとより豪華です。

◎材料（1人前）
玉子　1個
スモークサーモン　1、2枚
酢・塩　少々
セルフィーユ、ディルなど香草　適宜

《作り方》
① 鍋にたっぷりの湯《ゆ》を沸かし、弱火にして酢を入れる。
② 玉子を器に割り入れ、静かに湯の中に入れる。
③ 玉子の表面が白くなり、半熟になったら取り出して氷水に入れて冷ます。

④　冷めたポーチドエッグの水気を切り、ペーパータオルで水分を取る。
⑤　ポーチドエッグを皿に乗せ、塩を振る。
⑥　スモークサーモンを乗せ、香草を飾る。

アクアパッツァ

ブイヤベース仕立て。高たんぱく・低カロリーの魚介類を使ったメイン料理です。白ワインの代わりに焼酎を使い糖質を抑えます。

◎材料（1人前）
白身魚　1枚
ハマグリ　5～6個
ニンニク　ひとかけ
アンチョビ　1枚
サフラン　ひとつまみ

タイム　1・5㎝
焼酎　少々
エクストラバージンオリーブオイル　少々
塩、コショウ　少々

《作り方》
①　白身魚に塩コショウする
②　フライパンにオリーブオイルを入れニンニクを炒め、タイム、魚を入れて焼く。
③　ニンニクを取り出す
④　ハマグリを入れる
⑤　焼酎、アンチョビ、オリーブオイルを入れてフランベ（強火で煮詰める）する（ハマグリの出汁《だし》を出し切ってトローッとさせる）
⑥　水を40㎖入れる
⑦　サフランを入れて軽く煮る。

⑧　皿に魚を盛る。
⑨　⑦を⑧にかける。
⑩　香草をのせる。

エビのポワレ　豆腐のリゾット添え　ハマグリの海苔風味クリームソース

米の代わりに豆腐で作った「ソイライス」を使い、リゾットを作ります。豆腐の水分をしっかり抜いて、米のように粒状にほぐすのがポイントです。

◎材料（1人前）
エビ　3～4尾（好みで、白身魚でも）
ハマグリ　5、6個
木綿豆腐　半丁
生クリーム　30㎖
青海苔　小さじ半分

焼酎　少々
パルメザンチーズ　少々
エクストラバージンオリーブオイル　少々
塩・コショウ　少々

《作り方》

①　豆腐をガーゼで包み、水を搾《しぼ》り出す。フライパンで空炒りしてソイライスを作る。ポロポロと細かい粒状になるようにヘラで切るように炒《い》る。
②　ハマグリと焼酎を火にかける。沸騰《ふっとう》したら水30㎖を加え、エキスを抽出する。ハマグリを取り除いてさらに弱火で煮詰める。
③　塩コショウしたエビをオリーブオイルでソテーする。
④　別の鍋に生クリームを入れ、軽く煮詰める。
⑤　フライパンに②の半量を入れ、①を加えて強火で煮る。④を少しと塩を加え、味を調える。

⑥ 豆腐が水分を吸ったら火を止め、パルメザンチーズをからめる。
⑦ ⑥を皿に敷き、③を乗せる。
⑧ 残りの②と④、青海苔を合わせてとろみが出るまで中火で煮詰める。
⑨ ⑧のソースを7にかける。

エビパエリヤ

これも米の代わりに豆腐を使ったソイライスのパエリヤです。

◎材料（4人前）
木綿豆腐　2丁
有頭エビ　8尾
豚バラ肉　50g
イカ　1杯
ムール貝　4個

ニンニク　2かけ
インゲン　4本
粉末パプリカ　小さじ1
エクストラバージンオリーブオイル　大さじ5
レモン　1個
イタリアンパセリ　適宜
〔スープ用〕
芝エビ（頭、殻付き）　16尾
サフラン　ひとつまみ
エクストラバージンオリーブオイル　大さじ2〜3
焼酎　1／2カップ
ブーゲガルニ　適量
ローリエ　1枚
塩　小さじ1

《作り方》

【ソイライスを作る】

154ページの①の方法でソイライスを作る（冷凍してさらに水分を減らすとなおよい）。

【スープを作る】

① 鍋にオリーブオイル大さじ2～3と芝エビの頭と殻を入れて中火にかける。エビの頭をヘラで押してミソを出して炒める。

② 焼酎を加え、中火で煮詰める。

③ 水5カップを入れて強火にし、ブーケガルニとローリエを入れる。沸騰したら弱火にし、蓋をしないで30分煮る。アクは取らない。

④ スープを漉す。ヘラで具を押さえて旨みを出す。

⑤ 4カップを取り出し塩で味を調える。

⑥ スープが熱いうちに乾燥焼きしたサフランを入れて15分以上おいて色を移しておく。

【具の準備】

①　豚バラ肉はひと口大に切る。

②　イカは皮と内臓を取り除き、胴は輪切りに、足は食べやすい大きさに切る。

③　有頭エビは背ワタを取る。殻は取らない。

④　ムール貝は殻をきれいに洗って別鍋に入れ、ひたひたの水を加えて火にかけ、殻が開いたら取り出す。

⑤　インゲンは半分に切る。

【具を炒める】

①　パエリヤ鍋にオリーブオイル大さじ5を入れて有頭エビとイカを中火で炒める。ヘラでエビの頭を押してミソを出す。エビの殻の両面の色が変わったらイカとともに取り出す。

②　同じ鍋に豚肉みじん切りとニンニクを入れて弱火で炒める。香りがオイルに移ったらニンニクを取り出し、パプリカを加えて混ぜ合わせる。

【ソイライスを炒めてスープを注ぐ】

① 先の②の鍋にソイライスを入れて中火で混ぜ合わせる。

② 熱したスープを加え、中火のままヘラでかき混ぜながら鍋底が見えるくらいまで煮る（ソイライスはコメのようにスープを吸わないので長めに炒める必要がある）。

【具を加えて煮込む】

① 弱火にしてエビ、イカ、ムール貝、インゲンを飾り、アルミ箔をかぶせ、鍋のへりにピッタリ折り込む。

② 鍋底にまんべんなく火が当たるように鍋を回しながら火を通す（中心が焦げやすい）。ライスがスープを十分に吸ったら火を少し強める。鍋底でぴちぴちと音がしたら火を止め10分蒸らす。

③ アルミ箔を外し、レモンとイタリアンパセリを飾る。

パンナコッタ

砂糖の代わりに「ラカントS」という自然派甘味料を使ったスイーツです。ラカントSに含まれる糖質は体内に吸収されにくいので、断糖メニューにぴったりです。

◎材料（1人前）
牛乳　60㎖
生クリーム　35㎖
粉末寒天　2・5g
ラカントS　大さじ1
ジン　少々（ラムでもOK）
柚子果汁（「柚子の精®」）　少々

《作り方》
① 寒天を大さじ1の水でふやかす。
② 鍋に牛乳と生クリーム、ラカントSを入れて弱火にかける。
③ 沸騰直前に火を止めて寒天を入れ、溶かす。
④ ジンと柚子果汁も加えて混ぜる。
⑤ 鍋底を氷水で冷やしながら、とろみがつくまで混ぜて、器に移す。

どうしても断糖を続けられないあなたへ

断糖のコース料理は、いかがでしたか？　炭水化物抜きでも、思いのほか豪華な食事を楽しめることに安心したのではないでしょうか。

パンナコッタに使われているラカントSは、甘い物が好きな人にとっては強い味方です。原料は羅漢果《らかんか》という植物とワインなどに含まれる天然甘味成分エリスリトールで、合成甘味料や着色料、保存料は使われていません。羅漢果の甘味成分は炭水化物なのですが、そのほとんどが食物繊維なので、消化吸収されることはありません。エリスリトールは、代謝試験によりエネルギーにならないことがわかっています。そのため、ラカントSは「唯一のカロリーゼロの糖質」なのだそうです。

断糖生活中でも、すき焼きや煮魚などに砂糖を使いたいときや、紅茶を甘くしたいときもあるでしょう。そういうときは、砂糖の代わりにラカントSを使えばいいのです。

ただし、甘い物を口にする習慣があると、なかなか断糖生活を継続しにくいというのも事実です。舌が甘味を忘れられず、ついついお菓子などを食べてしまいがちだからです。できれば、少しずつ甘い物を遠ざけるように努力してほしいと思います。

とはいえ、断糖をきちんと続けていれば、自然と甘い物が欲しくなくなるものです。僕の家にも、一応ラカントSがありますが、もう2年くらい使っていません。砂糖を使いたいと思うことが自然となくなったのです。

患者さんの中には、「どうしても炭水化物がやめられない」と言う人もいます。そういう人には、「せめてビタミンC点滴を行う前日の夜から断糖してください」と言います。

前日の夜から断糖するだけで、果たしてガン細胞が飢餓状態になるのかどうか、正直言ってわかりません。わかりませんが、しかたがないので、せめてもの防衛策を提示しているわけです。

断糖に限らず、一般的な高血圧や高血糖の食事療法でも、通常3か月間は続けて成果をみます。断糖の場合は、3か月でほとんどの人になんらかの良い変化が現れます。繰り返しになりますが、なんとかがんばって3か月間は続けてください。そうすれば、炭水化物の呪縛から解き放たれ、我慢する必要がなくなる日が来るはずです。

僕の夢は、断糖施設付きクリニック

河口湖での断糖セミナー合宿で腕を振るってくれたシェフは、青山のイタリアンレストランに勤めています。そのレストランは、僕が行くと断糖のメニューを出してくれるので、よく食事をしに行きますし、患者さんに紹介することもあります。あるガン患者の女性をお連れしたときは、「久しぶりにデザートを食べた」と言って涙を流していました。もちろん、デザートも糖質ゼロです。

断糖を続けるにあたって、一番ネックとなるのは外食です。

僕は幸いなことに、昼食もスタッフルームで調理できますが、普通のお勤めの人はそうはいきません。断糖食の弁当を職場に持っていくのが一番ですが、外食するなら、食べられるもののあるお店を探すしかありません。夜なら、焼き鳥やしゃぶしゃぶなどの肉料理店。あるいはいろいろなメニューのある居酒屋などで、食べられるものをチョイスすることもできます。が、やはり外食で断糖するのは難しいものです。

僕は、断糖食を食べられるレストランがもっと増えればいいのに、と常々《つねづね》思っています。断糖食専門店でなくてもいいから、断糖食か普通のメニューか、選べるようになればいい。

そうすれば、ガンの患者さんだけでなく、糖尿病やダイエットのために糖質制限をしている人が喜んで集まってくるはずです。

今は、糖質をカットした中華麵やパン、ハム、クッキーやチョコレートなど、いろいろな糖質制限用の食品が市販されています。これからは、外食でも断糖食を気軽に選べるくらい、糖質制限がメジャーになってほしい。これが僕の夢の一つです。

この章の最後に、僕のもう一つの夢をお話しさせてください。僕は、クリニックに宿泊施設を併設して、入院治療ならぬ入所治療を行いたいと考えています。患者さんには、朝晩は施設で断糖食を食べてもらい、昼は断糖のランチボックスを持って仕事に行ってもらいます。こうすれば、患者さんの食生活を完全に管理することができ、自己管理に失敗して治療に支障が出るということもなくなります。そのうえでビタミンC点滴の治療を行えば、今よりもっと確実に治療効果が出るはずです。

現行の日本の保険制度では、施設への入所は保険適用外とせざるを得ず、難しい面もあります。

でも、いつかこの夢が叶うように、僕は断糖をもっと広めていきたいと思っています。

第4章

「ガン」だけじゃない!
ビタミンC点滴と断糖で健康になる

「まるで万能薬」のビタミンC点滴

さて、ここまでガンの患者さんとご家族のために、「超高濃度ビタミンC点滴」と「断糖食事療法」のガン治療効果についてお話ししてきました。しかし、この二つの治療法が効果を発揮するのは、ガンだけではありません。他にもさまざまな病気の人や、健康な人にとって役立つ作用がたくさんあるのです。

特にビタミンC点滴は、ほとんどすべての人にとって有益な、まるで万能薬のような治療法です。そんなビタミンC点滴の作用のなかでも、もっとも重要なのは「抗酸化作用」です。

人間は、呼吸によって絶え間なく酸素を取りこみ、体中に供給しています。酸素は人体にとって無くてはならないものですが、一方で人体に害を及ぼすという面もあります。酸素の一部が体内で「活性酸素」に変化するからです。

活性酸素は、体のあちこちの細胞を酸化させて組織を傷つけるやっかいな物質です。この活性酸素による酸化作用は、ガンや生活習慣病を引き起こす原因となり、老化現象の要因でもあります。酸素がなくては生きていけない人間にとって、細胞の酸化、つまり老化は宿命と言えます。

とはいえ、「老いも病もできるだけ遠ざけたい」というのがすべての人の願いでしょう。そこで、ビタミンCの抗酸化作用が役立つのです。ビタミンCは、活性酸素の酸化作用にいち早く反応し、細胞に害が及ぶより先に活性酸素を無害化します。この強力な抗酸化作用により、老化はもちろん、さまざまな病気を予防できるのです。

ただし、ビタミンCを食べ物でとる場合は、十分な効果が得られるとは限りません。ビタミンCは水溶性で熱に弱く、調理中に破壊される割合が多いのです。また、体内でも100%利用されるわけではなく、吸収されずに排出される分もあります。

その点、点滴なら直接体内に投入するので、無駄なく利用されます。また、血中濃度を一気に超高濃度まで上げられ、体内の活性酸素を一斉に無害化することができます。

人間はビタミンCを体内合成できない

人体にとっていろいろ有益な作用のあるビタミンCですが、残念ながら人間が体内で合成することはできません。ほとんどの動物はビタミンCを体内で合成できるのに、なぜか人間と猿の一部、モルモット、コウモリ類だけは、ビタミンCを生成する酵素を体内に持っていないのです。

ビタミンCを合成する能力が特に高い動物は、ヤギです。ヤギは、病気になると通常の200倍のビタミンCを体内で作り出すと言われています。

200倍と言えば、ガンの治療レベルの血中ビタミンC濃度は3500〜4000μg／mℓで、平常時の約200〜300倍です。僕たち人間は、ヤギのように自分でビタミンCを作り出せません。だから、ヤギの体内で起こるのと同じ状況を、超高濃度ビタミンC点滴でつくり出す必要があるのですね。

とはいえ、ガン治療のためでなければ、血中濃度をそこまで上げる必要はありません。進行ガンの場合は、ビタミンC100gを週3回以上点滴することもありますが、たとえば美容目的なら、25gを月1〜4回というように、目的によって量と回数を調整します。

実際、ビタミンC点滴は年齢を重ねた女性が美容のために、スポーツ選手が疲労回復のために、また普通の人が健康維持のために、と幅広く利用されています。

僕も、ガン予防と健康維持のために、週1回、25gのビタミンC点滴を行っています。

疲れているとき、ここ一番の元気を出したいときには、2日連続で点滴をすることもあります。ビタミンCのサプリメントも補助的に使いますが、やはり点滴のほうが効果を実感できます。

風邪・インフルエンザなどの感染症に

ここからは、ビタミンC点滴と断糖のさまざまな効果をご紹介していきます。

まずは、ビタミンCの感染症予防効果です。

体内にウイルスや細菌が侵入すると、血液中の白血球の防御センサーが働き、ウイルスや細菌を攻撃します。この白血球は、血中ビタミンC濃度が高い人ほど活発に働くことがわかっています。

また、体内に侵入したウイルスは、異物として肝臓で代謝され、排出されます。このとき、肝臓ではビタミンCが使われます。ビタミンCを十分に摂取していれば、ウイルスが排出されやすく、感染症にかかりにくくなるのです。

風邪やインフルエンザはウイルスによる感染症なので、ビタミンC点滴で予防できます。

僕は定期的にビタミンC点滴をしていますが、もう9年も風邪をひいていません。

一方、くしゃみや鼻水など風邪の諸症状には、通常、抗ヒスタミン薬が使われます。ヒスタミンという物質が血管を拡張させ、くしゃみや鼻水といったアレルギー症状を起こすので、ヒスタミンの作用を抑制するのです。

その抗ヒスタミン作用が、実はビタミンCにもあります。

だから、ビタミンC点滴をすれば、抗ヒスタミン薬を飲まなくても風邪の諸症状を緩和することができます。

ビタミンCの風邪を治す作用を発見したのは、第2章に登場したライナス・ポーリング博士です。1960年代後半、ポーリング博士は自らビタミンCを毎日数グラム飲み、「ビタミンCを適切な時期に適量飲んでいれば、風邪を予防でき、症状を緩和できる」との考えを著書や講演で発表しました。

感染症を予防・治療する効果は、ビタミンC点滴だけでなく、断糖にもあります。細菌やウイルスの餌はブドウ糖なので、「糖を断つ」ことは感染源の増殖を抑制するのです。

アトピー性皮膚炎に

ビタミンCの抗ヒスタミン作用は、アトピー性皮膚炎にも効果的です。

アトピー性皮膚炎とは、ホコリやカビ、ペットの毛や食品など特定の異物に対して、免疫が過剰に反応して起こる皮膚症状です。異物を感知すると、免疫が抗体《こうたい》を作って排除しようとしますが、このとき体内でヒスタミンが分泌《ぶんぴつ》されてアレルギー症状を起こすのだと考えられています。

ビタミンCには抗ヒスタミン作用があるので、アトピー性皮膚炎の症状緩和に効果的です。他にも、アレルギー性鼻炎やぜんそくなど、目や鼻、喉に現れるさまざまなアレルギー症状を抑制してくれます。

後で詳しく解説しますが、ビタミンCにはコラーゲンを増やす作用もあり、皮膚に健康的なハリとツヤをもたらします。これは、アトピーによる皮膚の発疹《はっしん》や乾燥を改善するのに役立ちます。

もう一つ、アトピーは自己免疫性疾患であると同時に、精神的な要因も大きいと言われます。僕が精神科の研修医をしていたころ、躁うつ病でアトピー持ちの女性の入院患者さんがいました。彼女は、躁かうつか、その日の気分によってアトピー症状が良くなったり悪くなったりするので、顔を見れば「今日は調子のいい日だ」、「悪い日だ」とすぐわかりました。精神状態と皮膚の症状が面白いようにリンクしていたのです。

ドキッとすると鳥肌が立ったり、イライラすると吹き出物が出たりすることでもわかるように、神経は皮膚と深い相関関係にあります。1個の受精卵から人体が作られていく過程で、皮膚と神経は同じ外胚葉《がいはいよう》から派生《はせい》します。これは僕の想像でしかありませんが、だから皮膚と神経は相関性が高いのかもしれません。

話を戻すと、アトピーの症状は精神状態を大きく反映します。前章でもお話ししましたが、糖質をとると交感神経が優位になり、緊張状態に陥ります。と言うことは、断糖してリラックス状態になれば、アトピーの症状も緩和されるのではないかと考えられます。

関節リウマチの症状緩和に

関節や骨、腱《けん》、筋肉などに痛みやこわばりが起きる病気をリウマチと言います。なかでも多いのは関節リウマチで、一般にリウマチと言えば関節リウマチを指します。

関節リウマチは、なんらかのきっかけで免疫機能に異常が生じる自己免疫疾患です。本来外部から侵入した異物を攻撃すべき免疫が、誤って自分自身を攻撃してしまうのです。その原因は、細菌やウイルス、ストレスや遺伝など、いろいろ言われていますが、いまだ判明していません。日本では発症者が70～80万人と言われていますが、そのほとんどは女性です。

関節リウマチの症状は、最初は朝起きたときの手指のこわばりとして現れます。全身の倦怠感や微熱、食欲不振をともなうこともあります。進行すると、手足を中心に全身の関節に痛みや腫《は》れ、こわばりが生じます。このとき、関節の中にある滑膜《かつまく》という部分に炎症が起きています。この関節炎が慢性化すると、周囲の軟骨や骨が破壊され、さらに進行すると、関節が変形して動かせなくなってしまいます。

このリウマチの関節炎を、ビタミンC点滴が抑えてくれます。炎症とは、すなわち酸化のことであり、ビタミンCの抗酸化作用が炎症を抑える効果を発揮するのです。また、ビタミンCは関節リウマチの痛みを和らげるステロイドホルモンという体内合成物質の分泌を促進します。

ところで、僕の知り合いのアーユルヴェーダ・ドクターの女性は、関節リウマチの治療のために断糖を行いました。アーユルヴェーダ式の食生活は、本来断糖と相容れないのですが、彼女は断糖にピンとくるものがあったのでしょう。2週間ほど断糖食を続けたら、手指の関節の痛みが改善したと言って喜んでいました。

なぜ断糖が関節リウマチに効くのか、僕にはわかりませんが、この結果をみると、何か良い作用があるのだと考えられます。この断糖の関節リウマチ抑制効果に、今後も注目していきたいと思います。

C型肝炎など炎症の鎮静化に

ビタミンCの抗炎症作用は、炎症をともなうさまざまな病気に幅広く効力を発揮します。たとえば、肝炎の治療にも有効です。

肝炎とは、主にウイルス感染により肝臓に炎症が起きる病気です。

A型・B型・C型などがありますが、特に日本人に多いのはC型肝炎で、全体の8割近くを占めます。

C型肝炎は、感染者の血液を介してHCV（C型肝炎ウイルス）に感染することで発病します。過去には血液製剤や注射器の使い回しによる感染拡大が大きな問題となりました。

C型肝炎に感染すると、慢性肝炎から肝硬変、肝臓ガンと進行します。感染してから数年以上潜伏することが多々あり、罹患《りかん》しても自覚症状が現れないことから、発覚するのはたいてい肝硬変や肝臓ガンになってからです。肝臓が「沈黙の臓器」と言われるのはこのためです。日本では感染者が150万人以上と推定されていますが、治療している人は約50万人しかいません。

肝炎は、活性酸素の増加によって悪化します。肝臓で肝細胞が「炎症」するのは、活性酸素の酸化作用によるものです。

そこで、ビタミンC点滴の抗炎症作用が役立ちます。超高濃度ビタミンCによって活性酸素が無害化されれば、炎症を抑えることができるのです。

肝臓に限らず、体のどこかで炎症が起きているときは、活性酸素が暴れているときです。そういう症状には、同じようにビタミンC点滴が役立ちます。

潰瘍性大腸炎に

潰瘍性《かいようせい》大腸炎は、第1次安倍内閣で首相が退陣した理由として、一躍その名が知られるようになりました。大腸の内側の粘膜に炎症が起こり、びらんや潰瘍ができる病気ですが、原因は不明です。自分の白血球が大腸粘膜を攻撃するという自己免疫反応の異常、遺伝的素因、ストレスや欧米型の食生活などの環境素因が関係していると言われています。

その症状は、下痢・血の混ざった軟便・腹痛・しぶり腹（便が出そうで出ない）などで、重症になると下血もあります。発熱や貧血、体重減少、関節痛をともなうこともあります。1日に20回以上トイレに行かなければならない場合もあり、日常生活に深刻な支障をきたします。

完治に向けた治療法はなく、症状を抑えるために薬物療法を行うのが通例です。症状のない「寛解期《かいかんき》」と「活動期」を繰り返し、ひどいときには手術が選択されます。

その潰瘍性大腸炎が、ビタミンC点滴によって改善した例があります。ビタミンCの抗炎症作用によって大腸の炎症が抑えられ、免疫増強作用が働いたのです。具体的には、白血球の自走能がビタミンCによって向上し、マクロファージ（白血球の一種）の運動性が高まったということです。また、免疫を司《つかさど》るリンパ球もビタミンCによって「幼若化《ようじゃくか》」する（若返る）ことによって、この作用は増強されるのです。

抗ガン剤で失った髪の再生に

僕のクリニックでガン治療を行う患者さんの中には、ある種の抗ガン剤の副作用によって髪の毛が抜け落ちてしまった人たちがいます。そういう人が超高濃度ビタミンC点滴を継続的に受けていると、髪の毛が異例の早さで生えてきます。

第1章に登場した初期の卵巣ガンのDさんは、抗ガン剤とビタミンC点滴を併用していたのですが、ツルツルだった頭が3か月で元通りになりました。抗ガン剤を使用しながらでも髪が生えてきたのは、ビタミンC点滴の作用としか考えられません。

同じく第1章に登場したEさん、重度の上顎洞ガンだった男性も、抗ガン剤をやめてビタミンC点滴を始めてから2か月半で髪の毛が生えそろいました。抗ガン剤をやめたから髪が生えてきたのだと思われるでしょうが、2か月半で生えそろうことは普通ありません。これもビタミンC点滴のおかげと考えてよいでしょう。

このビタミンC点滴の育毛作用は、日本点滴療法研究会でも認めています。では、なぜビタミンC点滴が髪の毛を生やすのかと言うと、よくわかりません。

抗ガン剤というのは、細胞を強烈に酸化させることで、ガン細胞を攻撃すると同時に、正常な細胞にもダメージを与えます。髪の毛が抜けるタイプの抗ガン剤を使うと、酸化作用が頭皮の細胞に働き、毛根にダメージを与えるのです。おそらくビタミンCの強力な抗酸化作用が、頭皮の細胞が酸化しないよう保護したり、細胞を再生させたりする働きがあるのではないかと思われます。

では、抗ガン剤による脱毛ではなく、普通の薄毛にもビタミンCは有効なのでしょうか？　もし有効なら、ビタミンC点滴を受ける人はもっと増えるに違いありません。これについては、さらなる研究結果が待たれるところです。

アンチエイジングに

ビタミンCが美容に良いことはよく知られていますが、その作用は大きく分けて二つあります。一つは、コラーゲンの生成を促進すること。コラーゲンとは、皮膚や骨、血管や内臓などを構成する重要な成分で、たんぱく質から生まれるアミノ酸が原料です。

女性のみなさんはよくご存じでしょうが、コラーゲンは年齢とともに減少していきます。皮膚の深部にある真皮《しんぴ》からコラーゲンが失われると、ハリが失われ、皮膚の表面がたるみます。これがシワの正体です。

コラーゲンは、アミノ酸に体内の酵素が作用して生成されます。ビタミンCは、その酵素の作用を助ける働きがあるので、シワ予防に効果的なのです。

ビタミンCを摂取するときは、コラーゲンの材料をしっかりとることも大切です。コラーゲンの材料は、鶏の手羽先や皮や軟骨、豚足、フカヒレ、ウナギ、タイ、ムツ、カレイ、魚卵や鶏卵など、動物性たんぱく質が豊富です。断糖の食事は動物性たんぱく質が中心なので、ビタミンC点滴と併用すれば、シワ予防効果は絶大と思われます。

ビタミンCの美容効果のもう一つは、シミの予防です。紫外線を浴《あ》びると、真皮の細胞が破壊されるのを防ぐため、メラニンという色素が肌を黒くして紫外線を吸収しようとします。そのメラニンが過剰に分泌されて結集したのがシミです。

ビタミンCは、メラニンの生成を抑制し、黒くなった色素を還元して白くする働きがあります。だから、ビタミンCはシミを予防する働きもあると言われているのです。

実際、アンチエイジングのためにビタミンC点滴を受けている人は、ガン治療目的の人より多いと考えられます。皮膚のターンオーバーのサイクルは約28日なので、だいたい月1回、15～25gを投与するのが一般的です。

スポーツや仕事の疲労回復に

ビタミンC点滴は、スポーツをする人にももってこいです。激しいスポーツをすると、多くの酸素が体内に取り入れられ、活性酸素が大量に発生し、組織が劣化《れっか》します。スポーツは体に良いと言われていますが、過度の運動は、むしろ体の老化を早めるのです。アスリートが短命だと言われるのは、このためです。

スポーツをする人は、ビタミンC点滴を定期的に行うことで、活性酸素の発生を抑制することができ、老化を予防することができます。また、スポーツ後に点滴を行うことで、疲労感を軽減できます。運動をすると筋肉の中に疲労物質と言われる乳酸がたまりますが、ビタミンCには乳酸を分解する作用があるのです。

さらに、屋外でのスポーツなら、紫外線によるダメージも防げます。紫外線は、活性酸素を増やすうえに、ビタミンCを激しく消耗します。長時間日光を浴びた後は、ビタミンCを積極的に補給することが大切です。

ちなみに、喫煙もビタミンCを大量に消費します。だから僕は、ビタミンC点滴を受ける患者さんには、効果が激減してしまう旨《むね》を説明して、禁煙をしてもらっています。

スポーツが肉体を疲労させるのに対して、精神的な疲労の要因となるのはストレスです。仕事での緊張やイライラ、過労などによってストレスがたまると、活性酸素が大量に発生します。ストレスは、うつ病などの精神疾患だけでなく、高血圧や脳梗塞、糖尿病などあらゆる病気の原因となり得ます。そんなストレスによる体へのダメージも、ビタミンCの抗酸化作用によって軽減できます。

実を言うと、僕の平常時の血中ビタミンC濃度はやや低めです。仕事が激務で、睡眠3時間という日もざらなので、相当激しくビタミンCを消耗しているのだと思います。ビタミンC点滴のおかげで、僕は睡眠3時間でも元気に働けるのです。とはいえ、みなさんにはこんな生活をおすすめできません。ビタミンC点滴だけに頼るのではなく、きちんと休息をとってストレスのない生活を心がけてください。

ビタミンC点滴だけでなく、断糖にもガン以外のさまざまな病気を改善する効果があります。

糖尿病に

まず、当然と言えば当然ですが、「糖を断つ」ことは糖尿病の改善につながります。糖尿病は、血糖値が異常に高い状態が続く病気で、主に1型と2型があります。

血糖値は、インスリンというホルモンの働きで常に一定に保たれていますが、食事をした後、つまり糖質をとった後は上昇します。血糖値が上昇すると、膵臓からインスリンが分泌されて下げるように働きます。1型は、そのインスリンの分泌機能に生まれつき障害があり、高血糖状態が続いてしまう糖尿病。2型は、食事などの生活習慣に原因がある糖尿病です。断糖療法が効果を発揮するのは2型で、全体の95%を占めます。

2型糖尿病の初期は特に症状がありませんが、進行すると異常な喉の渇きやめまい、手足のしびれなどが生じます。重症化すると失明や腎不全、あるいは両足の裏のしびれから始まり足が腐って切断しなければならなくなる（糖尿性）壊疽《えそ》といった重篤《じゅうとく》な合併症を引き起こし、生命の危険もあります。

日本では糖尿病の疑いがあるとみられる人が約890万人、糖尿病の可能性を否定できない人が約1320万人います。これほど多くの糖尿病患者と予備群がいるのは、食事で糖質をとり過ぎているからに他なりません。

断糖を行えば、血糖値が低い状態で安定し、糖尿病の予防と治療になることは自明の理です。荒木先生のクリニックでは断糖の入院治療を行っていますが、そこでは、2型糖尿病の人は全員、わずか2週間で完治しています。

心筋梗塞・脳梗塞に

日本人の死因第1位はガンで、2位は心疾患、3位は肺ガン、4位は脳血管障害です。2位の心疾患のうち最も多いのは急性心筋梗塞。4位の脳血管障害は脳梗塞とほぼ同義です。心筋梗塞と脳梗塞は、いずれも動脈硬化によって起こる病気です。

動脈硬化とは何か、あらためて解説すると、動脈の内壁にコレステロールや中性脂肪が溜まり、血管が硬くなったり血液の通り道が狭くなったりする病気です。これが心血管で起こって血管が閉塞すると、心筋梗塞となります。同じことが脳血管で起こると、脳梗塞です。

心血管や脳血管が詰まると血流がストップし、心臓や脳に酸素が供給されなくなり、多くは短時間のうちに死に至ります。運良く助かったとしても、半身不随などの後遺症に苦しめられることが多々あります。

動脈硬化が起こる原因は、主に欧米型の食生活だと言われています。肉や卵、乳製品などを食べ過ぎることにより、血中のコレステロールや中性脂肪の量が増え、血液がドロドロになって血管が詰まりやすくなる、というのがそのメカニズムです。

しかし、前章でもお話ししたとおり、動脈硬化が起こるきっかけは「糖質のとり過ぎ」です。糖質が増えると血管内の細菌が増殖して、内壁に傷をつけます。傷がつくから、初めてコレステロール（LDL）などが付着し、動脈硬化が起きるのです。その後、血管が閉塞するまでコレステロールや中性脂肪が溜まっていくのは、たしかに高コレステロール食・高脂肪食に原因がありますが、そもそもの問題は糖質のとり過ぎなのです。

そこで、断糖をすれば心筋梗塞・脳梗塞の予防につながります。2012年のガンによる死亡者数は全体の約28・7％。心疾患は約15・8％、脳血管障害は約9・7％。この三つの死因による死亡者数を合計すると、実に全体の約60％を占めることになります。

つまり、日本人全員が断糖をすれば、死因の6割がなくなるという驚くべき成果が期待できるわけです。

一方、血中コレステロール値じたいを低下させるためにも、ビタミンC点滴が役立ちます。コレステロールは体外に排出される際、胆汁酸《たんじゅうさん》に変わりますが、ビタミンCにはその代謝を促進する作用があります。また、善玉のHDLコレステロールを増やし、悪玉のLDLコレステロールの酸化を防ぐと言われています。断糖とビタミンC点滴は、合わせ技で心筋梗塞・脳梗塞を防いでくれるのです。

高血圧に

動脈硬化や糖尿病などの生活習慣病は、高血圧と深く関わっています。日本では約780万人が高血圧の治療を受けていますが、実際にはもっと多くの要治療者がいると考えられます。高血圧には痛みなどの症状がなく、健康診断で異常値とわかっても、放っておく人が多いからです。

高血圧を放置していると、血管壁が高い圧によって硬化していき、動脈硬化になってしまいます。そうなると、心筋梗塞・脳梗塞を引き起こし、突然死になりかねません。高血圧が「サイレント・キラー」と呼ばれるゆえんです。

高血圧の原因と言えば、「塩分のとり過ぎ」が真っ先にあがります。しかし、日本人は昔よりずっと薄味《うすあじ》嗜好《しこう》になり、塩分摂取量は減っているはずです。それなのに、高血圧患者はむしろ増えています。これは、高血圧の原因が塩分のとり過ぎだけではないことを示しています。

実は、高血圧は「糖質のとり過ぎ」で起こることがあるのです。

糖質のとり過ぎで血圧が上がる機序《きじょ》は、二つあります。

一つは、インスリン抵抗性により腎臓の塩分排泄機能が阻害されること。糖質をとり過ぎると、インスリンの働きが悪くなる「インスリン抵抗性」が表れます。腎臓には、余分な塩分を排泄する機能がありますが、インスリン抵抗性が表れるとこの機能がうまく働かなくなります。すると、血液中の塩分濃度が高くなり、体液の浸透圧《しんとうあつ》の作用によって、血圧が高くなるのです。

もう一つは、交感神経優位の状態が続き、緊張状態が続くこと。糖質のとり過ぎが常態化して高血糖状態が続くと、インスリン抵抗性によってインスリンが過剰に分泌され、「高インスリン血症」になります。高インスリン血症になると交感神経が刺激され、緊張状態になります。つまり、炭水化物を絶え間なくとり続けていると、交感神経が緊張しっぱなしになり、血圧が上がってしまうのです。

断糖すれば、こういった血圧を上昇させる要素がなくなります。僕の治療経験から言えば、断糖を始めると、だいたい2週間で血圧が正常値になります。

痛風に

かつてぜいたく病と呼ばれた「痛風」は、体内に蓄積した尿酸が結晶化し、主に足の関節に激痛をもたらす病気です。その原因は、「プリン体」をとり過ぎることと言われており、中高年男性に多く発症します。

尿酸とはプリン体の代謝物で、肝臓で作られた後、通常は腎臓でろ過されて尿として排泄されます。しかし、プリン体の摂取量が多いと、尿酸の排泄しきれない分が体内に蓄積し、高尿酸血症になります。血液中の尿酸値が一定量を超えると、尿酸が析出して結晶化します。その結晶が足の関節を刺激し、痛みや腫れといった発作が起きる。これが痛風です。特に足の親指の関節が痛むことが多く、その辛さは「風が吹いても痛い」と言われるほどです。

プリン体は、細胞の核などを形成する物質で、ほとんどすべての食品に含まれます。特に多いのは、肉の臓物、鶏肉、エビ、カツオ、イワシ、タラコなど。野菜では豆類や麦芽、きのこ類に比較的多く含まれます。

アルコールは、それ自体にプリン体は少ないのですが、尿酸の代謝を促進する作用があるので尿酸値を上げてしまいます。特にビールが危険だと言われており、痛風の患者さんたちは、医師に「肉を食べるな」、「ビールを飲むな」と言われ、涙ぐましい食事制限を行っています。

しかし、高尿酸血症における食事や飲酒の影響は、わずか2、3割にしか過ぎないという説があります。それなら、肉やビールを断つより「糖を断つ」ほうが効率的だと僕は思います。

糖質をとると、腎臓での尿酸の排泄機能が阻害され、体内に尿酸が蓄積されやすくなります。また、砂糖や果糖を過剰摂取すると、血液が酸性に傾き、尿酸が析出しやすくなります。だから、糖質を断てば、尿酸が作られやすい状況ができにくくなり、尿酸値を減らせると考えられるのです。

僕の知り合いのフレンチのシェフ（149ページのシェフとは別の人）は痛風でしたが、僕が断糖をすすめたら、2週間後には「治った、治った」と喜んでいました。お客さんには糖質たっぷりの料理を出しているのですが、「自分が食べるのは別」と言って、彼は断糖を続けています。

「こころの病気」や抑うつ傾向に

僕はもともと精神科医なので、こころの病気の治療に長く携わってきました。その経験から、精神疾患の多くは断糖によって顕著な改善がみられることがわかりました。

たとえば、「統合失調症」という病気があります。幻覚や妄想が生じて、不安感や脅迫感、被害妄想を抱えたり、自閉的になったりして社会生活に支障をきたす病気です。原因は不明ですが、神経伝達物質であるドーパミンやセロトニンの機能障害が影響しているという説や、遺伝が関係しているという説があります。100人に約1人が発症する、珍しくない病気です。

僕はこれまで、8人の統合失調症の患者さんに断糖をすすめてきましたが、そのうちきちんと断糖をした3人は症状が消失しました。崇高クリニックの荒木裕先生のところではもっと多く、50人以上の統合失調症の患者さんを断糖療法で回復させています。

統合失調症の人が完全に糖質を断つと、ほぼ3日で幻覚・妄想症状が消えます。

なぜなら、糖質をとると、脳内にβエンドルフィンという麻薬様の快楽物質が分泌されるからです。統合失調症の人は、このβエンドルフィンの麻薬作用に反応しやすく、麻薬を使ったかのように幻覚や妄想が起こるのだと思います。そこで糖質を断つと、統合失調症の症状が治まるのです。

僕が精神科の勤務医だったころに治療した48歳の女性Gさんは、統合失調症で20年も入退院を繰り返し、ときに激しい幻覚や妄想から錯乱状態になる人でした。Gさんが退院するとき、僕は断糖を自宅でできるようにレクチャーしました。Gさんが断糖にチャレンジすると、3日後には症状がなくなりました。薬は2か月かけて減らしていき、最終的に止めました。その後、Gさんは英検1級の1次試験に合格、さらに保育士の資格をとって働き始めるという驚くべき回復ぶりをみせました。

しかし、Gさんは2年後に保育士を辞めざるを得なくなります。あるとき、Gさんから僕に「歌手の○○○○の曲は私が書いた」という妄想の書かれたメールが来ました。これはおかしいと思ってすぐさま連絡すると、「昨日焼き肉屋でユッケを食べた」と言います。ユッケのたれには砂糖が入っているので、妄想症状が復活してしまったのだと思われます。

その後、糖質の中毒性に引きずられ、Gさんは炭水化物をやめられなくなってしまいました。すると、ますます重度の幻覚や妄想に翻弄《ほんろう》されるようになり、保育士の仕事を続けられなくなってしまったのです。

糖質に過敏に反応するのは統合失調症の人だけではありません。

前章でも述べましたが、糖質をとると、脳内のドーパミンの機能が低下します。ドーパミンは、意欲や快楽のもととなる神経伝達物質です。だから、抑うつ傾向のある人が糖質をとると、意欲が低下してますますうつっぽくなってしまいます。

うつ病を発症してしまうと、食事どころか生活じたいもコントロールするのが難しくなります。抑うつ状態に陥りやすい人には、うつ病になる前に断糖をすることをおすすめします。

パニック障害に

うつ病などと併発することの多い病気に「パニック障害」があります。

パニック障害は、人の集まる場所や逃げ場のない場所で、突然死の恐怖を感じるほどのパニック状態に陥る病気です。

発作が起きると、突然動悸《どうき》が激しくなり、呼吸困難や大量の発汗、めまい、手足のしびれなどが起こります。数分から、長くても1時間程度で治まりますが、一度発症すると「また起こるんじゃないか」という強い不安感や恐怖心が生まれ、過去に発症した場所やシチュエーションを避けるようになります。そのため、たとえば電車に乗れなくなったり、電車を見るだけで動悸が激しくなったりして、普通に社会生活を送るのが困難になります。それがストレスとなり、うつ病を発症する人も少なくありません。

　このパニック障害の発症に、炭水化物、特にGI（グリセミック・インデックス）値の高い食品が関わっていると考えられています。

　GI値とは、食後の血糖値の上がりやすさを示す指標です。GI値の高い食品は、白米や小麦粉などの炭水化物や、砂糖、果物など。炭水化物でも、食物繊維が多い玄米や全粒粉は比較的GI値が低くなります。肉や魚は低GI値です。

　糖尿病の項でも述べたとおり、食後に血糖値が上がると、インスリンが分泌されてまもなく下がります。GI値の高さとは、この血糖値が上がるスピードの速さです。血糖値が速く上がると、下がるスピードも速くなります。急激に上がった血糖値が急激に下がると、低血糖症に陥りやすくなります。低血糖症になると、自律神経に障害が出て、動悸や呼吸困難、めまい、手足のしびれといった症状が出ます。これらの症状が、パニック症状を後押ししているのではないかと考えられます。

　パニック障害の原因ははっきりわかっていませんが、低血糖症が発症のきっかけを作る可能性は十分にあります。そこで、断糖をすれば、自然とGI値の高い食品を控えることができ、パニック障害のリスクを減らせるのです。

僕の患者さんでは、パニック障害で家から出られなかったのに、断糖を始めて2か月経ったころ、不安感が消えてアルバイトを始められた人がいます。パニック障害は誰でもなりうる病気です。予防の意味でも、断糖をおすすめします。

発達障害やキレやすい子どもに

先天的に脳機能に障害がある、もしくは幼児期に障害が発生した場合の発達遅延を総称して「発達障害」と言います。発達障害には、自閉症、アスペルガー症候群、ADHD（注意欠陥・多動性障害）などがあります。自閉症やアスペルガー症候群の境界はあいまいで、「自閉症スペクトラム」という連続する概念の一部ととらえられています。

自閉症やアスペルガー症候群の人、ADHDの子どもは、程度の差こそあれ、いずれも興奮しやすく、社会生活に適応するのが困難です。

しかし、糖質を断つと興奮しにくくなり、集団生活も安定的に送れるようになります。

僕は、ハタイクリニックに来てから、知的障害のある自閉症で、作業所でよく興奮して他害があった人に断糖をすすめて、行動を落ち着かせた経験があります。

繰り返しになりますが、糖質をとり過ぎると、交換神経が優位になり緊張状態に陥ります。そのため、普通の人でもイライラしたりキレやすくなったりしますが、発達障害の人の脳にはある種の脆弱性《ぜいじゃくせい》があり、特に糖質の興奮作用を受けやすいのだと考えられます。

そのことを示す有名な研究報告があります。

1964年、イギリスの社会精神医学国際会議にてリチャード・マッカーネス博士が発表した「悪童マイケル」のレポートです。そのマイケルという男の子は、怒りっぽくて落ち着きがなく、ケンカばかりする暴れん坊でした。勉強でも遊びでも、集中してやりとげることができず、言葉を発すればどもり、いつも手が震えていました。今で言うADHDと考えられます。

マイケルは、毎日アイスクリームやケーキ、チョコレートなど、甘いお菓子ばかり食べていましたが、マッカーネス博士は、マイケルにお菓子を食べるのを禁じて、代わりに少しの肉と野菜を食べさせました。すると、見違えるほどおとなしい「良い子」になったのです。

このレポートは、砂糖のとり過ぎの弊害を伝える例として、世界的に注目されました。発達障害の人のご家族は、ぜひ断糖をしてみてください。そうでない人も、子どもが落ち着きがない、キレやすいと思ったら、糖質のとり過ぎを疑ってみる必要があるかもしれません。

3か月でマイナス17kg！　僕の断糖ダイエット

断糖の一番わかりやすい効果と言えば、やせることです。日本人がとり過ぎている糖質を断つのですから、当たり前と言えば当たり前ですね。この章の最後は、僕自身の「断糖ダイエット」についてご紹介しましょう。まず、左ページの写真をご覧ください。

断糖のことを知らなかった7年前、僕は普通にご飯を食べていて、身長172cmで体重75kg、体脂肪率23～24％のメタボ体型でした。

実はその3年前、当時興味のあった代替医療の影響で、僕は一時期、徹底したベジタリアンでした。今とは正反対で、肉・魚を断って野菜や果物・穀類ばかり食べていたのです。

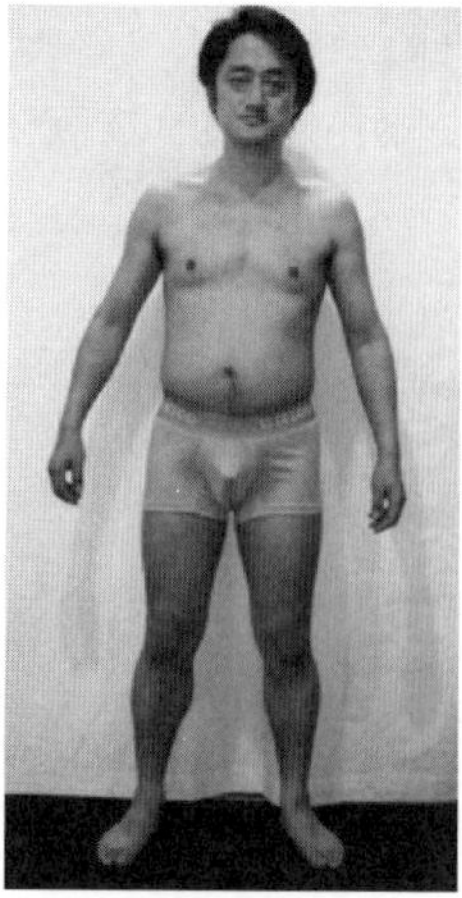

before

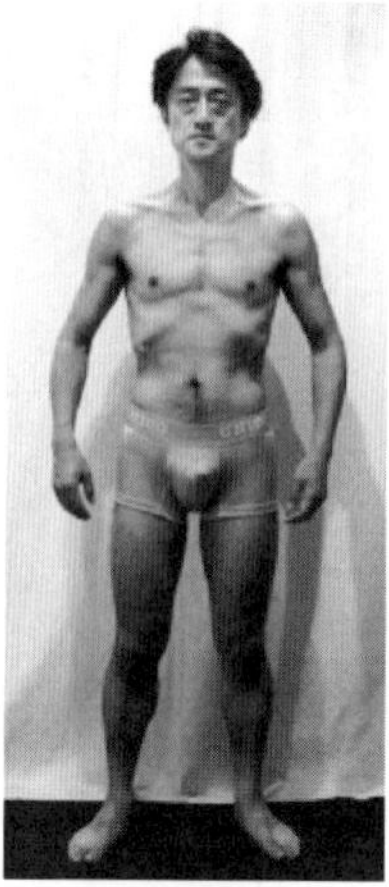

after

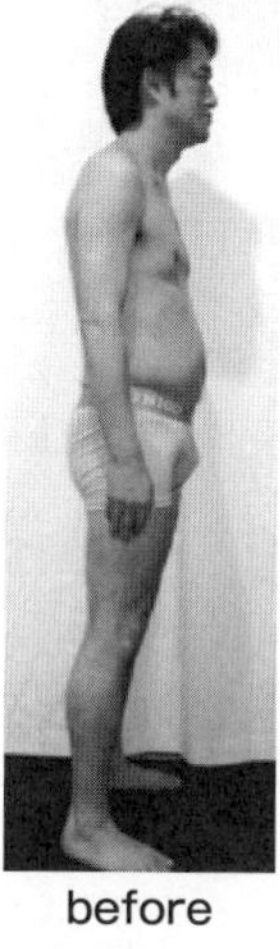

before

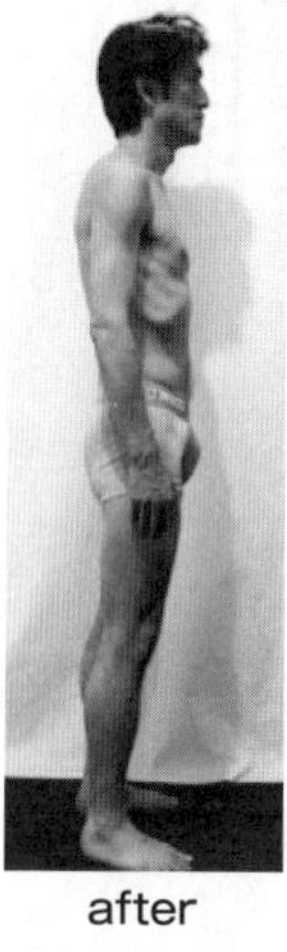

after

3か月でなんと17kg減のダイエットに成功

しかし、ベジタリアン生活を続けるうちに激やせして疲れやすくなり、やめることにしました。

その後は、忙しい生活のストレスもあって、反動でいろいろ食べ過ぎたのだと思います。75kgまで増量したときは、総コレステロール値も290mg／dℓと高く、生活習慣病予備群に近いものがありました。

しかし2007年、僕は荒木先生のクリニックで断糖生活を体験し、その素晴らしさに開眼しました。それからは、食生活を断糖に切り替え、ついでに運動も始めてダイエットに取り組んだのです。運動と言っても、週2回筋トレをして、たまに朝5kmほど走るだけです。

3か月後に、体重はなんと17kg減の58kg、体脂肪率は8％になりました。総コレステロール値も230mg／dℓくらいまで下がりました。

3か月でマイナス17kgという大幅なダイエットですが、特に苦労した覚えはありません。「糖を断てば、こんなに簡単にやせられるんだ」と我ながら驚いたものです。

僕の身長で体重58kgはやせ過ぎだったので、今は63～65kgにまで戻しています。体脂肪率も、あまりに低いと寒くなるので、15％くらいでキープしています。

今は忙しくてなかなかジムに行けず、あまり運動をしていません。それでも標準体重をキープできているのは、断糖をしているおかげです。

実際、断糖をしていると、体重をコントロールすることはそれほど難しくありません。旅行先で炭水化物を食べてしまい、お腹まわりに脂肪がついたときも、断糖食に戻したら、数日で元に戻りました。

とはいえ、ダイエットを成功させるためには、脂肪のとり過ぎに注意することと、運動をすることも大切です。その上で、みなさんも、ぜひ断糖ダイエットにチャレンジしてみてはいかがでしょう?

第5章
ガンにならない食べ方、考え方

ここまでのくだりで、ガンの治療や予防のために、ビタミンC点滴と断糖を始めようと思った人は多いでしょう。

でも、ガンにならないためには、もっと根本的な生活習慣を見直すことも大切です。ガンにならない生活習慣を身につければ、ビタミンC点滴と断糖の効果は倍増します。

最後の章では、そんなガンを遠ざける知恵を、アーユルヴェーダなどから学びましょう。

現代人は「消化力」が弱っている

僕は約25年間、医師として患者さんに接してきましたが、最近の人は、健康情報、特に「健康に良い食事」について非常によく勉強しているな、と感じます。断糖や糖質制限だけでなく、世の中にはさまざまな食事療法や健康食品があり、書籍や雑誌、テレビなどで次々と紹介されているからでしょう。

たとえば、「血糖値を抑えるにはこれを食べなきゃいけない」、「これは○○キロカロリーだから食べてもいい」などということを、実によく知っています。

しかし、その知識は「食べること」に終始しており、「消化すること」にまで関心がもたれることはほとんどありません。

健康本や健康情報を扱うテレビなどでも、食べ方についてはうるさいほど情報を発信していますが、消化まで込みで扱うメディアはほとんどないのです。

しかし、実は「消化すること」は食べることと同じくらい、いや、それ以上に重要です。

僕は、現代人の不調、ひいてはガンや生活習慣病などの病気は、ほぼすべて「消化力」の問題に関係していると考えています。

いくら良い物を正しい食べ方で食べても、きちんと消化・吸収・代謝できなければ、体のために役立てられません。

そんな消化の能力、「消化力」を意識することが、現代の日本人に欠けている発想なのです。

現代人のほとんどは、消化力が弱っていると思います。

朝の電車の中や、夜の飲み屋街を見ると、みんなだるそうにしていて、目の輝きがありません。忙しい生活やストレスなどによって、消化力が落ちているからだと考えられます。

「体にはあれがいい」、「これがいい」と言っていろいろ食べる前に、まず消化力を高めることを考えなくてはいけないのです。

消化力が落ちると「オージャス」が失われる

西洋医学では、「消化」は消化器官、つまり胃腸の役割とみなされます。たしかに、食べ物は胃で消化されて、腸で吸収されます。胃もたれや下痢、便秘といった症状が現れるのは、胃腸の機能が弱っているからで、胃腸の薬を飲んで治すというのが西洋医学的な考え方です。

それに対して、僕のクリニックが専門とするアーユルヴェーダでは、体の不調を特定の器官だけの問題とみるのではなく、体全体の問題としてとらえます。

消化不良が起こっているのは、胃腸だけでなく、体全体の消化力が弱っているからだと考えるのです。

アーユルヴェーダ的に言えば、「消化」とは、消化機能に加えて代謝機能、つまり生命エネルギーを作るところまでを含みます。僕はいろいろな代替医療を研究してきましたが、アーユルヴェーダの「消化力」には、現代の僕たちが学ぶべきところが多くあるように思います。そのさわりをご紹介しましょう。

アーユルヴェーダは、約５０００年の歴史をもつ古代インド発祥の伝統医学です。医療だけでなく、宇宙科学や生命科学、占星術や哲学の要素も含む総合学問として、古代ギリシャ医学やチベット医学などに影響を与えてきました。

日本では、アーユルヴェーダはリラクゼーションのイメージが強いですが、欧米各国では代替医療として広く認知されています。

アーユルヴェーダでは、消化力が正常なら、食べ物を口にすると「オージャス」というエネルギーと、汗や尿や便といった排泄物が作られると考えます。オージャスとは、僕たちが生きるために必要なエネルギー、活力の素《もと》のようなものです。

しかし、消化力が弱っていると、食べ物をきちんと消化・吸収・代謝しきれず、オージャスが十分に作られません。オージャスが少ないと、体のあちこちに不調が現れ、疲労や倦怠感に襲われます。

また、気持ちが沈んだり心配ごとに悩まされたりと、精神的にも不調になります。

西洋医学の言葉で言い換《か》えると、体に必要なホルモンなどが栄養不足のため生成されず、自律神経のバランスが崩れる、ということになります。

だから、アーユルヴェーダではオージャスをきちんと作り出せるよう、消化力を重視するのです。

消化しきれないと「アーマ」が溜まる

消化力が弱っていると、困ることがもう一つあります。消化・吸収しきれなかった分が「アーマ」として体の中に溜まるのです。その状態で食べ物をとり続けると、どんどんアーマが蓄積してしまいます。

アーマとは「未消化物」のことで、老廃物とは違い、体から排出されません。

西洋医学にたとえるなら、腸壁にへばりついている、いわゆる宿便《しゅくべん》のようなもの。宿便が腸に停滞していると、腐敗して毒素を発生します。毒素は腸から吸収されて血液とともに全身を巡り、さまざまな病気を引き起こします。また、宿便が溜まる部分には大腸ガンができやすいと言われています。

アーユルヴェーダで言うところのアーマは、概念であって、特定の箇所に存在する物質ではありません。しかし、蓄積することで体にいろいろ悪さをするところは、宿便と同じです。

また、アーマが溜まると、「スロータス」というエネルギーの通る経路が詰まります。スロータスが詰まると、アーユルヴェーダ的には、風（ヴァータ）や火（ピッタ）や水（カパ）のエネルギーが循環しなくなると言います。エネルギーの循環が滞《とどこお》ると、やはり病気にかかりやすくなります。

食べた物をきちんと消化・吸収することは、アーマを溜めこまないこと、すなわちオージャスという活力を生み出すことと同義です。

アーマが溜まっていてオージャスが不足している状態は、すべての病気の要因になると言っても過言ではありません。

ガンを防ぐには、消化力を高めよう

アーマが溜まっておらず、オージャスがどんどん作られているとき。つまり消化力が高いときは、免疫機能もしっかり働きます。

すると、体温が上がって血流が良くなり、血中に酸素をたくさん取り込めるようになります。

逆に、消化力が弱くなると、免疫力が下がって低体温・低酸素状態に陥ります。実はこういうとき、ガン細胞が作られやすくなるのです。

ブドウ糖は、解糖系という経路でエネルギーに変換されます。このエネルギーが、ガン細胞の栄養源となります。

解糖系というのは、嫌気《けんき》呼吸と言って、酸素のない状態でエネルギー代謝が起こりやすい経路です。だから、低酸素状態になるとガン細胞が増殖しやすいのです。

そして、体温は低くなればなるほど、免疫が機能しづらくなります。免疫機能が低下するということは、ガンにもなりやすいということ。

だから、低体温・低酸素の状態、つまり消化力が落ちた状態は、ガン発症の要因にもなるのです。

免疫力が下がると、ガンだけでなく、あらゆる病気が出現しやすくなります。だから、消化力を高くキープすることが大切なのです。

体を冷やすと消化力が落ちる

では、どうすれば消化力をキープすることができるのでしょうか?

そのポイントの一つは、「体を冷やさないこと」です。

体が冷えると、低体温になるのはもちろん、全身の機能が停滞します。当然、消化機能も落ちて、食べ物を十分消化・吸収できなくなります。

体を冷やさないためには、食事が重要です。

まずは単純に、冷たいものを食べ過ぎないこと。冷たいものを食べると、胃から体全体に冷えが伝わり、消化力が落ちます。暑いからといって冷やし素麺《そうめん》やビール、スイカなど、冷たいものばかり食べていては、体が冷えきってしまいます。たとえ夏でも、なるべく温かいスープなどをとりましょう。

飲み物は、白湯《さゆ》がおすすめです。白湯は、アーユルヴェーダでは体内に溜まった毒素を排出してくれる特別な飲み物とされています。どうしても冷たいものが飲みたいときは、食前を避けて飲みましょう。

よくショウガは体を温めると言いますが、それは乾燥ショウガや加熱したもの。生のショウガは体を温めることはありませんが、消化力を上げる効果はあります。アーユルヴェーダでは、消化力を上げるために、食事の前に生ショウガのスライスに岩塩を乗せて食べます。ショウガは糖質が多いので、断糖的にはNGなのですが、薬味として少量使う程度ならいいでしょう。

また、アーユルヴェーダでは味つけによっても体を冷やす効果・温める効果が分かれます。体を温めるのは、辛味と酸味です。逆に体を冷やすのは、甘味と苦味です。

食べること以外で体を温めるためには、運動すること、ストレスを溜めないことです。

消化力を上げる食べ物とは

消化力が弱っているときは、消化しやすいもの、軽いものを食べるのが基本です。ただし、アーユルヴェーダで言う「軽いもの」は、独特の基準に基づいています。

アーユルヴェーダでは、時間をかけずサッと作ったもの、出来立てのものが「軽い」とされます。作ってから3時間以内の「軽いもの」を食べるのが、消化に良い食べ方です。

それに対して、3日間煮込んだカレーなどは「重い」ので消化に悪いとされます。作り置きのものや冷凍食品なども、出来立てではないので重い食べ物となります。

複雑に手を加えた食品や料理も、「重いもの」です。断糖をしている人には関係ないですが、全粒粉より精製した小麦粉のほうが、玄米より白米のほうが、工程が多い分、重くなります。豆腐も、断糖食としては優秀ですが、アーユルヴェーダ的には重くて消化に悪いものです。

また、ヨーグルトや新米、納豆など、粘り気のある食品は重いものです。ヨーグルトは、インドではポピュラーな食品ですが、アーユルヴェーダ・ドクターたちは、「消化に悪い」と言って夜は食べません。

すでにお気づきかと思いますが、アーユルヴェーダの食生活は、断糖療法からは大きく外《はず》れています。

肉ばかり食べるのではなく、野菜や穀物を多くとるのがアーユルヴェーダ式。断糖とは真逆に近いのですが、そのエッセンスを矛盾しない範囲で取り入れればいいのです。断糖を実践している人は、アーユルヴェーダ式を参考に、自分に合う部分があれば取り入れるとよいでしょう。

もう一つ、アーユルヴェーダでは、食事を食べ物から「気」をもらう大切な行為と考えます。そのため、食べ物に感謝して、静かに食事するのが原則です。

テレビを見たり雑誌を読んだりしながら食べるのはやめて、食べ物に集中して食事をしましょう。

食欲がないときは、食べない

消化力を低下させないためには、食べ方も大切です。

まず、自分の消化力を超えるほど食べないこと。

「なんとなく食欲がない」というときは、明らかに消化力が弱っているので、何も食べないほうがいいのです。

一般の病院では、「食事は1日3食食べること」と指導します。体が弱っている入院患者にも、1日3食出して「食べなきゃ治らないから、食べなさい」と言います。

でも、食べたくないときは食べなくていいのです。いや、食べてはいけません。

食欲がないのは、前の食事が消化しきれず、アーマが溜まっている証拠です。それなのに、惰性《だせい》で食事をとり続けると、アーマがどんどん蓄積されて、ますます消化力が落ちてしまいます。

西洋医学というのは、患者さんがどういう状態であろうと、一律に同じ医療を提供するものです。

たとえば風邪の治療だったら、同じ咳止め薬や解熱剤を処方するだけで、人によって調合を変えたりはしません。せいぜい子どもなら量を減らす程度です。それなら、医師でなくコンピュータで診察しても同じです。

しかし、アーユルヴェーダは違います。

たとえば、火のエネルギーが強い人もいれば、風のエネルギーが強い人や水のエネルギーが強い人もいます。そういう体質や状態の違いを見て、一人ひとりに合わせた、いわばオーダーメイドの医療を提供するのです。消化力が強い人と弱い人では、当然指導も違います。

今お腹が空いていないのに食事をさせるというのは、アーユルヴェーダ的には逆効果をもたらす危険な行為なのです。

ちなみにハタイクリニックでは、アーユルヴェーダの診察はアーユルヴェーダ・ドクター3人が交替で担当しています。僕は西洋医学に基づく診察を行いながら、代替医療の治療もしています。

アーユルヴェーダ・ドクターは医療行為を行えないので、日本の医師免許のある僕が携わることで、西洋医学と代替医療の「いいとこどり」ができているわけです。

話を戻すと、食事は、前に食べた物が十分に消化された後にすべきです。食べる前には、自分の消化力で消化できるかどうか、量を加減することが大切です。

僕自身は、食欲がないときはもちろん、体がだるいときも「アーマが溜まっているな」と思い、食事を抜いたり、軽くしたりしています。アーマを溜めこむと、体はとたんに反応して、だるくなったり重くなったりするのです。

断糖すれば、消化力が上がる

現代人の消化力が弱っているのは、アーマが溜まっているのに食べ過ぎているからです。消化しきれていないのに、なお食べ過ぎてしまうのは、なぜなのでしょう？

それは、糖質をとっているからです。

糖質には中毒性があるので、満腹でも食べたくなってしまい、食べてしまいます。脳が欲していると、お腹がいっぱいでも食べ物が入ってしまうのです。

こうして食べ過ぎた結果、さらに消化力が弱くなり、食欲がなくなります。しかしご飯や甘い物があればまた食べてしまい、ますます消化力が落ちる……という悪循環に陥ってしまうのが糖質中毒の恐ろしさです。

断糖すれば、このような食べ過ぎを防止できます。と言うより、消化力を維持することを意識せざるを得なくなります。

なぜなら、糖質を断つと中毒から解放されて、本当は食欲がないことに気づくからです。本当は食欲がない、つまり消化力が落ちていることを実感すると、消化力を上げることに目が向きます。そうしなければ、肉を食べられないからです。

断糖を始めると、最初の2～4週間は便秘になることがあります。

ずっと炭水化物中心の食事をしてきた体が、肉中心の食生活に慣れるまでは少し時間がかかるのです。

そのため、肉を消化できるくらい消化力を回復させようという意識が働きます。加えて、糖質中毒が治まるので、むやみに食べたくはなくなります。だから、断糖すれば食べ過ぎを防止できるのです。

肉中心の食生活をしていれば、食べ過ぎることはありません。

そして断糖すれば、自分の体調がよくわかるようになります。

実は、これこそが断糖の一番のメリットと言えます。

ちなみに、断糖を始めたばかりで便秘になったときは、オリーブオイルを多めにとるのがおすすめです。

「情報の消化力」も高めよう

消化力が必要なのは、食べ物を消化するためだけではありません。「情報」を消化するためにも重要なのです。

現代に生きる僕たちは、好むと好まざるとにかかわらず、インターネットやマスメディアなどから日々大量の情報を受け取っています。その情報を取捨選択して利用する力がなければ、頭の中が無駄な情報でいっぱいになりかねません。そこで、「情報の消化力」という力が必要になるのです。

消化力が落ちてくると、オージャスが不足し、脳内で情報処理に使われるホルモンや神経伝達物質などの材料が供給されなくなります。

また、アーマが溜まってきて、全身のあらゆる機能が低下し、脳の血流が悪くなります。すると、脳の機能が活性化せず、外部の情報を取り入れて整理して理解する力、すなわち「情報の消化力」が乏《とぼ》しくなるのです。

情報の消化力が乏しければ、考えが交錯《こうさく》してうまくまとめることができず、仕事や勉強で十分な成果を上げられません。

また、精神的に不安定になり、ちょっとした物音にもイライラするなど、ストレスを感じやすくなります。

ストレスが高じると、うつ病などのこころの病気にもつながりかねません。

つまり情報の消化力は、仕事や精神状態、人間関係などを左右する、いわば「人生の質」を決定づける大事なものなのです。

食べ物を消化する力は、情報を消化する力に直結しています。体のために消化力を高めることは、頭や心のためでもあるのです。

情報の消化力を高めるためには、一つは食べ物の消化力を上げること。もう一つは、余計な情報をシャットアウトすることが必要です。

南インドのあるアーユルヴェーダ施設では、入院による集中治療が行われています。そこにはテレビも新聞もなく、読書や音楽を聴くこともしません。

薄暗い部屋で、ほとんどしゃべることもなく、外部からの情報を完全に遮断して1週間から1か月くらい過ごします。

そうすることで、心身を浄化して心と体をリセットするのです。

情報に振り回されていると感じたら、ぜひテレビもネットも見ないで、できるだけ情報を断ってみてください。

情報に振り回されないために

情報をシャットアウトして心身をリセットできたら、今度はインプットする情報を厳選しなければいけません。

雑多な情報にあふれている現代社会で、必要な情報だけを取り入れるためには、余計な情報に接しないことです。

テレビをつけっぱなしにしない。用もないのにネットを見ない。愚痴ばかり言う人とは付き合わない。こうした日常的なことから心がけてみてください。

アーユルヴェーダでは、五感すべてから誤った情報、過剰な情報を入れることを禁じています。たとえば、ゴミ捨て場は不浄な場所ですから、そこを見るのは視覚から誤った情報を入れることになります。

朝、ゴミ捨て場にゴミを捨ててから出勤するのは、大事な仕事の前に不浄なものに接するという良くない行動です。できれば、ゴミを捨ててからいったん家に戻り、シャワーを浴びてから出勤するのがベストです。それが無理なら、せめてゴミ捨て場をなるべく見ないようにしましょう。

悪い情報を遮断したら、次は良い情報、正しい情報だけを入れます。

良い音楽を聴く。良い物に触れる。良い風景を見る。

そう心がけていれば、ストレスも少なくなり、消化力が高くなるはずです。

とはいえ、正しい情報を選別するのは難しいものです。

ガンに関して言えば、科学的に実証された治療法から怪しげな民間療法まで、膨大な数の情報が書籍や雑誌、インターネットなどにあふれています。患者さんの中には、そういった情報をかき集めて片っ端から試し、疲弊《ひへい》しきっている人もいます。

情報に振り回されないためには、常に自分の頭で考えて、自分で決めるという癖をつけることです。

これは自分に必要な治療か？　なぜ自分はこれを選ぶのか？　これを選んだらどうなったか？　……と、常に自分に問いかけることが大切です。

そしてもう一つ大切なのは、治療を人任せにしないこと。僕の経験では、「先生に治してもらおう」と考えている人は、なかなか治りません。

治すのは医師ではなく、あなたです。

「自分でガンを治すのだ」と考えられるようになったら、本当に必要な治療法をチョイスできるようになるでしょう。

ストレスをなくして、ガンを遠ざけよう

消化力を上げるためにも、ガンや他の病気を予防するためにも、ストレスをためないことは何より大切だと言っても過言ではありません。

こう言うと、「そんなことわかっているけど……」という声が聞こえてきそうですね。

たしかに、生きていれば日々いろいろイヤなこともあり、ストレスの元を避けることはできません。

でも、それをどう受け取るかは、すべて自分の側の問題です。

コップにジュースが半分入っているのを見て、「もう半分しかない」と思うか、「まだ半分もある」と思うかは、自分の受け取り方次第ですよね。どんなことが起きても、ストレスにするか否かは自分で決められるのです。

僕の友人に、31歳で失明した人がいます。妻と子ども3人がいるのに、仕事ができなくなり、人の世話にならなければならない彼は絶望に打ちひしがれ、一時期は自殺まで考えました。

しかし、やがて趣味だった柔道に打ち込むようになり、全日本チャンピオンになります。

パラリンピックでは5位に入賞し、全国を講演で飛び回るまでになりました。

その彼は、今は整体師の仕事をしていて、失明する前より明らかに生き生きしています。そして失明したことによって、「今までより人の気持ちが分かるようになった」と言っていました。だから、「生まれ変わっても、障害者に生まれたい」とも。

失明という人生最大級のストレスも、受け取り方によってはプラスに変えられるのです。

そう考えると、ストレスをそのままマイナスに受け取るほうが損だと思えませんか？

マイナスに思えるものをプラスに受け取れるかどうかは、考え方のクセによります。どんなことでもプラスに受け取るクセをつけて、ストレスをなくしていきましょう。

プラス思考のコツは「期待しないこと」

かく言う僕も、なんでもプラスに受け取る超プラス思考です。何が起こっても、「俺ってツイているな」と思います。

たとえば、誰かにイヤミを言われると、「助かったな」と思います。そういう気配りのない人がいるということは、僕はちょっと気配りをすれば良い人になれる。そういう人がいてくれて助かったと思うのです。そう思えば、腹も立ちません。

そもそも、人に何かされたり言われたりして腹が立つのは、相手に期待しているからです。期待が裏切られるから怒るのであって、問題は勝手に期待したこちらにあります。

僕は、人にも自分にも期待していません。

アーユルヴェーダ的宇宙観をもって見れば、人間なんて誰でも同じ、ちっぽけな存在です。

自分も相手も所詮《しょせん》たいしたことないのだから、期待することもないと思います。

だから、僕は自分自身が失敗したときも、ストレスを感じることはありません。

「いい勉強になったな」と思うだけです。

自分に期待していないから、失敗しても落ちこまないのです。

ただし、その後は二度と失敗しないように、一生懸命努力します。「期待しない」というのは、「どうでもいい」ということではありません。

ちっぽけな自分だけれど、精一杯努力したら、後は宇宙だか神様だかわからないけれど、何か大いなる存在に任せておけばいい。だから、余計なことを考えず安心して努力しよう、という心境なのです。

とはいえ、僕も昔からこんな心境だったわけではありません。

前にもお話ししましたが、僕はアスペルガー症候群の気があるので、空気を読むのが苦手です。

学生時代は、人間関係がうまくいかず、ずっと悩んでいました。僕が何か発言すると、急に場がシーンと静まりかえる。あわてて何か言うと、ますます変な空気になる。僕は次第に人づきあいを避けるようになり、「なんでもっと、うまくできないんだろう?」と悩みながら自分の内に閉じこもるようになりました。

それがアスペルガーの影響だと知ってからは、ずいぶん気が楽になりました。社会人になってからは、自分のそういう部分を認めながら、楽に生きられるよう、考え方のクセを変える訓練をしてきました。

訓練すれば、誰でもプラス思考になれます。

それは、ガンを治すためにも非常に重要な要素です。

大切なのは「ガンを治したらどうしたいか」

僕はいつも、ガンの患者さんにこう尋《たず》ねます。

「ガンが治ったら、何をしたいですか？」

ガンの治療は、いつ終わるとも知れない辛く長い戦いです。ましてや、何か月も食事制限をしたり、痛みや吐き気を伴《ともな》う薬を使ったりするとなれば、大変な負担だと思います。

だからこそ、ガンを治した後にどうしたいか、明確な目標をもつことが大切です。たとえば「1年後に家族旅行をする」という目標があれば、それに向けてがんばれます。ただ漫然と「ガンを治したい」と思っているよりも、はるかにモチベーションが上がるのです。

それと言うのも、僕のガン治療の柱の一つ、断糖療法は、患者さん自身のがんばりにかかっているからです。

僕は最初にレクチャーするだけで、後は患者さんの自宅での取り組みに委《ゆだ》ねるしかありません。がんばって食事制限を続けてもらうためには、モチベーションをキープさせることが大切なのです。

その目標は、自分のためでもいいのですが、「人のため」なら、なお効果的です。たとえば、「娘の結婚式に出てやりたい」、「孫たちの世話をしてあげなければ」という目標です。人間というのは、自分のためには無理でも、人のためならがんばれるものだからです。

僕は、以前9人のグループでキリマンジャロに登頂したことがあります。そのとき、ふたり1組でサポートし合う体制が組まれたのですが、僕と組んだのは、あまりトレーニングをしていない初心者の男性でした。

僕は、彼が挫折しないように「大丈夫?」、「がんばれ」と励ましながら歩きました。すると、僕は楽々と4000mまで登れたのです。

しかし、ペアを組んだ彼は、リーダーの指示でそこでリタイアとなりました。そこから僕はひとりで登ったのですが、急に苦しくてしかたなくなり、やっとの思いで6700mまで登頂しました。

ふたりで登っているときは平気だったのに、ひとりになったら急に苦しくなった。人のことばかり考えているときは意識しなかったけれど、自分のことばかり考えると、自分の苦しさがクローズアップされてしまうのだ、と僕は悟《さと》りました。

「自分がガンで苦しんでいるのに、人のことなど考えていられない」と思うのが普通でしょう。

でも、患者さんが苦しみを忘れるためには、人のことを考えたほうがいいのです。

今、ガンに苦しんでいる人は、大切な誰かのために目標を立ててみてはいかがでしょう?

ガン患者こそ、明るく生きよう!

僕のクリニックには、患者さんがご主人や奥さんと一緒に訪れることがよくあります。患者さんのパートナーは、たいてい来るなり「はあ……」と大きなため息をつき、眉間にシワを寄せて悲しそうな顔をします。

アメリカから日本人女性が舌ガンの治療に来たときは、アメリカ人のご主人が、彼女の顔を見るたびにおいおい泣いていました。

最愛のパートナーがガンに冒《おか》されたのが悲しいのはわかりますが、僕は「そんな顔をしないで、もっと明るくしてください」と言います。

ガンで苦しんでいる人に「明るくしろ」などと言うのは酷《こく》だと思う人もいるでしょう。

しかし実際、ガンなのに妙に明るい患者さんはおおぜいいます。

そういう人は、だいたい治りが早い。

逆に、いつも深刻な顔をして暗くなっている患者さんは、なかなか治りません。

ご家族が暗い場合も、患者さんは「やっぱり治らないんだ」と思って暗くなってしまいます。

これはオカルトでもなんでもなく、免疫の作用によるものです。

免疫は、気分一つで上がったり下がったりする、非常に不安定なものです。一言イヤミを言われると免疫力が下がると言われているくらいです。

ガンは、免疫療法という治療法があるくらい、免疫の影響を強く受けます。

免疫力が下がれば、ガンが悪化しやすくなります。

だから、患者さんはもちろんですが、ご家族もなるべく明るく過ごしてほしいのです。

もし風邪をひいている人が宝くじで6億円当たったら、風邪なんて一瞬で治ると思いませんか?　下手したら、ガンだって治るかもしれません。

それくらい、明るい感情にはパワーがあるのです。

ガンを治すためには、明るくして免疫力を上げること。それには、ガンを「怖い病気」「死に至る病気」と思わないことです。

そんなことを思っても免疫力が下がるだけで、何一ついいことはありません。

それよりも、必ず治ると信じて、ご家族とともに笑顔で毎日を過ごしてください。

傷だらけの人生

ダマされないで生き延びる知恵

副島隆彦
Soejima Takahiko

ベスト新書
587

はじめに

まあ、私の話を聞いて（読んで）ください。

私は、60歳を越すまで生きてきて、しみじみと思います。人は、人生の肝心なところで、大きくダマされてはいけない。小さなダマされ、ならいいんです。大きくダマされて大きな失敗をすると、もう取り返《かえ》しがつかなくなる。そういうことが多いです。

私もこれまでに、いろいろ失敗した。間違ってひどい目に遭《あ》った。ああ、あのときはヒドかったなあ、と、あとあと振り返ることが多い。20代、30代の頃、味わった痛い思いをあれこれ振り返って、今でも、ひとりで顔が歪《ゆが》むことがある。だが、他の人に話すことではない。恥《はじ》多き己《おのれ》の過去を思い出して、不快《ふかい》になるだけだ。他《ひ》

人《と》に話すことではない。

「あ、しまった。騙されたな」と、少しあとで分かることが多い。あの感じのダマされ方をしたことがよくある。取り返しがつかない、というほどの大きな損害ではない。だが、受けた痛みは実感する。その中でも、ちょっと大きな失敗と、騙された事件が十ぐらいある。それを正直に語ることで、私は自分よりも少し若い人たちに、人生の教訓を伝えたい。若くなくてもいい。私とご同輩《どうはい》の皆さんでもいい。きっと、みんな同じような恥《は》ずかしいことをやって生きてきたのです。

まあ、私の話を聞いて（読んで）ください。

『傷だらけの人生――ダマされないで生き延びる知恵』◆目次

はじめに　3

第1章　オンナにダマされた

傷だらけの人生　10
女が男を押し倒す時代　18
「女と自動車は男をダマしに来る」　21
男の性欲、女の物欲　33
「魔性の女」は怖わーいぞー　45

第2章　お金でダマされた

エリート銀行員の末路　62
訳あり人間　73
詐欺師が近づいて来る　80
金儲けの秘訣には裏側がある　86
人間を本物にするのは経験の量のみ　91

第3章　人間関係でダマされた

あなたが相手を嫌いだと、相手もあなたを嫌っている　104
いいことは悪いこと、悪いことはいいこと、だ　119
厚かましい人間になったほうが勝ち　128

第4章　大きな組織・団体にダマされた

甘い考えを捨てろ　140
国家は大きな暴力団　146
蛇の道は蛇　160
きれい事を言わない　174
サラリーマンも自営業者になる時代　182

あとがき　189

第1章　オンナにダマされた

傷だらけの人生

人生、すなわち人の一生というのは、肝心なところ、大きなところでダマされたら取り返しがつかない。大きなところでダマされたら、あとあと大変だ。たとえば結婚相手を間違った、とか。住宅ローンを組んで家（一戸建て、あるいは高層鉄筋アパート）を買ったときに、あとあとヒドい物件だった、とか。自分が入る（勤《つと》める）会社を間違った、とか。大学受験で失敗して、それ以来、不幸だ、という人もいる。小さな騙され方ならいいんです。しかし、人生の選択の大きなところでダマされるとね、本当にその後の打撃が大きい。

だから、私にとっては、自分の人生を振り返っても、とにかく肝心なところでは、最大限注意せよ。用心せよ、警戒せよ、注意深くなれ。と、自分に言い聞かせる。そして、「あっ、待てよ」と自分の脳《のう》に向かって言う。決断を早まるな。契約

〝特攻くずれ〟で売った。

「傷だらけの人生」というのはこの人が主演した東映の任侠《ヤクザ》映画（1971年公開）。

鶴田浩二（1924-87、62歳没）

そろそろハンサム（美男子、イケメン）と美人（美女）が得《とく》をする時代は終わってゆく。この人よりも、石原裕次郎が同年７月に、美空ひばりはその２年後の1989年に死んだ。共に52歳で酒と麻薬で死んだ。こっちのほうが重要だ。

をするときに、深呼吸して、あと一回、間《ま》を置け。もう一回考え直《リスインク》しなさい、と。そこで躊躇《ちゅうちょ》して、用心深くなって、決断を急がないことだ。これがものすごく大事なことです。そして、タメライなさい。逡巡《しゅんじゅん》しなさい。小心者になって、ここで深呼吸して周《まわ》りを見回してごらんなさい。肝心なところでは、人の意見を聞きなさい。自分に意見をしてくれそうな、年長者の信用のおける人を2、3人は持っていなさい。自分の叔父さんとか、親戚の人でもいい。ためらい、急いで決心せずに「あ、待てよ。もう一度考えてからにしよう」と引き返す。このことの大事をみなさんに学んでほしい。

私は、今は、それなりの評論家先生である。物《もの》書き生活30年になる。もう65歳だ。これまでの多くの学者先生（大学教授）や作家先生が書く本は、〝上から目線〟で偉そうに、どこか高いところから、下を見降《みお》ろして見下《みくだ》して、みなさんに教訓を垂れるという書き方をしてきた。そういう立派なエラい先生の本が世の中にはたくく

さんある。私はそういう書き方はしたくない。そんな立派なエライ人というのは、実際にはいない。昔はいたかもしれないが、そういう〝人格者《じんかくしゃ》〟が、今は消えてしまった。「人間は（くだらないほどに）みな平等」になってしまいました。

人が生きてゆく上で、大事なことは、大きな失敗をしないことだ。そして、いつでも引き返せるようにしておくことだ。慎重に、注意深く、臆病でいいから、大きく騙されないように、身構《みがま》えている。

ところが、じつは、この私は、それができなかった人間だった。このように、私は書いている先《さき》から、自分が書いていることを裏切っている。私は注意深くなかった。私は愚かだった。馬鹿だった。私の周りを見ていて思うが、賢い人というのは、やはり引き返し方を知っている。ためらい。逡巡《しゅんじゅん》する、という用心深さがあった。だから、わりと私の周りで「この人は賢い人だ」と私が思う人は、用心深く動くことを知っている人ですね。

ヘンな話だが、これでも私は言論人であり、知識人だから、少しは威張っている。実際に高級な知識をいっぱい頭に詰め込んで知っているものだから、それを周りに振り撒《ま》きながら生きてきた。それほど威張るわけではないんだけど。政治問題や政治思想とか、私は欧米の最新の知識・情報をいっぱい持っている。と私は周囲から思われている。事実そうだ。このために、私は天狗《てんぐ》になったために、ハッと気づいたら、私は実《じつ》社会の、普通の世界のことを知らなかった。私にはごく普通の生活の知恵がなかった。私は、自分の身の周りのことを処理する能力がない。このことに、ある日、気づいた。

私には、いわゆる世間知《せけんち》とか地頭《じあたま》と呼ばれる、生活の知恵がない。あるいは、毎日を賢《かしこ》く、楽しく、そのときそのときを、上手に生きる、爽快《そうかい》（爽《さわ》やか）な身のこなしというのがまったく出来ない。私は軽度だが発達障害《はったつしょうがい》だ。そのように自覚もした。私は発達障害とアスペルガー症候群の違いも知らないが、きっとこの種《しゅ》の人間なのだろう。だが、このハヤリ（流行）言葉にも、もう関心はない。

私はずっと人間関係（人づき合い）で無器用《ぶきよう》だった。もうちょっと上手に立ち回っていれば、今ごろもっと楽して生きていられただろうに、と思う。

この、世間知《せけんち》のない私と比べると、サラリーマン生活をしていて、自分の身の周りの細かいことを、きちんきちんと処理できている人たちがいる。そういう人たちを私は羨《うらや》ましい。それは生活の知恵という言葉のとおりだ。日頃の生活の注意深さからにじみ出てくる世間知《せけんち》というものをたくさん持っている人が、知恵のある人ということだ。そういうのが人が生きてゆく上では、本当は非常に大事だと今では思う。

ところが、なんと、私は白状するが、そういう人たちをずっと馬鹿にしてきた。世間知《せけんち》ばっかりで、自分の身の周りの生活の細かいことばっかりがきちんとできる人たちだ、と。彼らのことを軽蔑してきた。そして私は、いま大きく復讐されている。自分はいざというとき、自分の身の周りのささいな細かい問題の処理ができな

い、愚か者なのだ、と今ごろになってようやく分かった。

たとえば、会社員（会社勤め）をしていると、仕事で出かけた先への電車賃の280円とか360円とかを、毎回毎回、伝票を書いて、経理の人に回るように出金伝票でこつこつと書かなければいけない。この細かい金銭出納《すいとう》ができる人でないと、会社は困る。大風呂敷を広げて、大きな企画とかプロジェクトとか、社内で大きな偉そうなことばっかり言っているやつは、結局、嫌われる。大企業の場合、そういう人は本社に残れない。残さない。大風呂敷を広げて、わいわい言うだけの人は。子会社か関連会社に飛ばされる。

360円の電車賃とかをきちんきちんと細かく処理する気配りのある人でないと、会社は本社や、本部に残さない。ただし、それぱっかりではダメなのだが。私は、この「360円の電車賃の伝票をきちんと計算して伝票で処理する」ということが、本当に出来なかった。面倒くさがって、嫌ってやろうとしなかった。私の人生の誤《あやま》りはここから始まっていた。

ネズミみたいな人間というのがいて、細かいことしかできない人たちがいる。大きく物事《ものごと》を考えられない、というのも、欠点である。だが、この本ではこの手の人たちを批判しない。そんなことをやっている暇がない。この本は、自分の身の周りの生活の知恵のところで、失敗してきた自分の話を、あれこれお話しして、みなさんのためになるように、と書いた本だ。

＊＊＊

私は、自分が、ほんの思いつきで、『傷だらけの人生』という本を書きましょう、と編集者に言ってしまったばっかりに、こんな本を書く破目《はめ》になってしまった。書き上げるまで、ああ本当に苦しかった。この本の本当の書名は、じつは「ある惨《みじ》めな男の物語」だ。

私は、鶴田浩二（１９２４－１９８７）という俳優のことを、ほとんど知らな

い。私より一世代上の人で戦中派《せんちゅうは》だ。「特攻（隊）（あるいは予科練《よかれん》）崩《くず》れ」の世代だ。私より30歳上の、私の父親とまったく同じ世代の俳優さんだ。だけど、彼が歌った「傷だらけの人生」という歌の科白《せりふ》だけは、私の耳に残っていて、今に復活させてもいいと思った。

女が男を押し倒す時代

人生の節目《ふしめ》、節目の大事なところで、ダマされてはいけない。大きな失敗はしてはいけない。小さな失敗ならいいけれども、大きな失敗をすると取り返しがつかない。

人生の大事なところ、というのは、自分が進学する学校を選ぶとき、勤める会社を選ぶとき、男なら女の人をパートナーとして選ぶとき、女なら男の人をパートナーとして選ぶとき。それから大きな買い物をするときだ。つまり家（あるいは

高層住宅《タワー・レジデンス》）を買うとき。それから、自分の仕事を変えたり、職場を変えたりするときだ。

大事なのは、やっぱりお金《かね》の問題だ。お金のやり取り（契約）で、大きなお金がかかっているところで、失敗してダマされると、取り返しがつかない。30代のサラリーマンであれば、結婚して子どもが生まれるから、そろそろ家を買わなければ、となる。あるいは鉄筋アパート（高層《タワー》レジデンスの一室）を買う、という段階になったときの、住宅ローンの組み方とか、この中古のマンションで本当にいいのか。とかの厳しい問題のところでダマされる人がたくさんいる。建設業者（建て売り業者）や不動産業者と、銀行にだ。ダマすのは不動産業界だけではない。市役所（固定資産税。地方税として取る）と税務署（不動産の譲渡《じょうと》税は国税《こくぜい》だ）もダマしに来る。こういう大人の世界の厳しさ、を30代でみんな身につけていく。この話も大事だ。

その前に、動物としての行動で、男だったら女とくっつき、女だったら男とくっつく。そして結婚する。同性愛者（ＬＧＢＴ《エルジービーティ》）だったら同性と結婚するが。今は、男も女も結婚しないまま40歳、50歳という人もたくさんいる。たくさんいるが、その人たちのことは横に置く。

やはり、人間というのは動物だから、性欲があるから男と女はくっつく。今のふにゃふにゃした若い男たちは、女に興味がない。女とまったく付き合わない、というところまで行っている。すると、女のほうがゴリラみたいに元気になっている。今や職場（会社）には男よりも強い女たちがいっぱいいて、自分が気に入った男と二人きりになろうとする。そして二人っきりになると、女のほうが上から押し倒して、無理やりセックスする。それで子どもを作ってしまう。

それぐらいしなければ、いまはもう結婚はできない。そうでもしなければ両者とも踏《ふ》ん切《ぎ》りがつかない。男のほうが逃げようとする。そういう時代になっている。このことぐらいは今やジジイ（爺）である私でも分かる。

こういうことは、つまらない些末なことだが、誰かが書いておかなければいけない。女が上から馬乗りになって、セックスして、子どもを作らなければ、日本は人口（1億2500万人）を維持できない。日本は、衰退国家であって、成長がないから、人口も減っている。家族を養う苦労を考えると、男のほうが怯んで嫌がる時代だ。ここまでは誰でも分かるだろう。このことはウソではない。この国の事実であり、私たちの現実だ。

「女と自動車は男をダマしに来る」

私の家に、書生として、学生上がりの若者が住み込んでいたことがある。彼は、自分の父親が大企業の工場の現場の技術屋（技術職）で、でも安い給料でこきつかわれて苦労した。そのことを小さい頃から見ていた。だから、「僕は民間企業のサラリーマンには絶対なりません。父親が会社で苦労するのを見て育ちましたから」

と言って、公務員試験を受けて公務員になった。総務省の中級職で採用されていった。

彼が、私のところで書生を一年半していたときに、私に言った非常に大事な言葉がある。今から10年ぐらい前だ。それは、「女と自動車は私たちを騙しに来ます」という言葉だ。これは本当だ。私の息子も大学生のとき、車の運転免許は取ったけど、いっさい運転しようとはしない。車というものを嫌っている。今では運転免許をもっていない学生、社会人がたくさんいる。自動車なんか要らない。車なんか要らない。車の運転なんかしない。電車やバスがあるから、車を買う必要なんかない。つまり、世の中にダマされない、の一番分かりやすい例は、自動車だ、と私は思う。自動車と女だ。

いまの20代、30代のサラリーマンは、車に興味がない。かっこいいスポーツカーとか高級車なんて、嘘八百だ。そんなものに憧れている人は、もう消えたに等しい、と私は思う。ところが、大きな書店に行くと、今も何十種類も「車の雑誌《カー・マガジン》」が

出ていて、並んでいる。一体、どういう人たちが買っているのだろう。もう今の日本には高級車を乗り回す余裕のある若者なんかいるはずがないのに……。今は障害者を乗せるための車とか、軽度の障害者なら運転できる車とか、無人運転に近い、グーグルが開発している車とか、そういう車のほうに技術開発は行ってしまった。それでも、まだ昔ながらの車大好き人間たちがいる。かのように思われているけど、私は嘘だと思う。もう車の時代ではない。ほんの一部の特殊な人たちが、昔の外車や名車を後生《ごしょう》大事に持っているだけだと思う。ハーレーダビッドソンが大好きな、中年のおやじたちが乗っている。暴走族というのもほとんどいなくなった。若い人たちには、都会暮らしであれば、車は要らない。

それに対して、地方で暮らしている人たちは、必ず車を持っている。女の人でも、自分の軽《けい》自動車に乗っている。いまの私の世代がそうだった。ひとつ下の世代も同じだと思うけど。30年前に〝アッシー君〟という言葉があった。30年前の昔は、日本はバブル（経済的な大繁栄）の時代だった。世の中にお金がたくさん溢《あふ》れ

ていたようなのだ。だから都会の若者たちであれば、自分でなんとか手に入れた高級スポーツカーみたいな車を、さんざん女たちに乗り回された。「あなたのアッシー君、呼ぼうよ」というコトバで、男たちは、女たちに足代《あしが》わりにされて、こき使われた。このアッシー君という言葉もいまの人はもう知らないだろう。女たちに呼びつけられて、思い切りあっちこっちただ働きの運転手をさせられた。高級車の外車（の中古）を買ったばっかりに、お金ばっかりかかって、ひどい目に遭った男たちがいっぱいいた。その子どもたちだ。今の20代は。

だから、自分の親の若い頃を見ているから、車が嫌いになった。自分の親戚の小《こ》金持ちの叔父さんとかを見ていて、もう絶対に、自動車なんか持つものではないと、わかった。税金と修理代と車検代とで、最低でも一年間に50万円ぐらいかかって、それが自分の生活（費）を圧迫して、大変だった。昔はアメ車と呼ばれて、アメリカ製の高級車（の中古）である、キャデラックやムスタング（マスタング）が、まだもてはやされた時代があった。

まさしく日本のバブル経済の絶頂期だった

ジュリアナ東京

女たちがお立ち台で大きな扇子を振り回して、ボディコンで踊り狂った時代(1991-94年)があった。

このあとの25年間、日本はずっとド貧乏への道を転がり落ち続けている。

ところが、アメ車は本当によく故障した。そしてその修理代として200万円とかを請求された。これで、みんな泣いた。そして「もう二度とアメ車なんか乗らない」と、ひとりで悔《くや》しがった。ひどい目に遭ったのだ。ドイツ車のメルセデス・ベンツでさえよく故障した。エアコンがダメで、夏の暑いときに、窓を開けて走っていたのはベンツだった。日本車は壊れなかった。

私はこれまで5台、車を買って乗った。たいした車ではない。ユーノス・ロードスター（マツダ）とか、オペル（ドイツ車）とかだ。奥さんは、もう古くなったジャガーを持っている。今は私はトヨタのノアというバン（ワンボックスカー）だ。車検代と自動車税だけで、年に何十万円かかかる。若者が車を持てないはずだ。

日本のバブル経済は30年前にあった。1980年代の終わりだ。ウォーターフロント、と呼ばれた東京都港区芝浦《しばうら》の、ジュリアナ東京（1991〜1994年）という巨大ディスコが登場した。お立ち台で、扇子《センス》を振り回してボディコンで踊って

いた女たちの時代だった。もう30年前なのだ。

バブルがはじけた。1990年の1月に、がらがらっと、前年末に38900円（4万円が目の前）だった、日経平均株価（東証《とうしょう》の株価）が、33000円までドーッと落ちた。さらに27000円まで落ちて、一旦《いったん》は33000円まで回復した。これで暴落は終わった、また回復するさ、と日本人は思った。しかし、そうはならなかった。

またそのあと激しい崩れが続いた。1992年に16000円まで落ちた。これが「日本のバブル崩壊」だった。11年後の2003年には、平均株価は7600円まで落ちた。

この株のバブルと同時期に、今から30年前の1987年に、〝狂乱地価〟と呼ばれた巨大な不動産バブルがあった。あのとき東京の土地や住宅が一日で2倍になったことが本当にあった。あの狂乱の不動産バブルを知っている人たちは、いま47、48歳から上じゃないかな。彼女たちが大学生の頃だ。バブルと言っても、貧しい子

はみんな貧しかった。地方から出てきた学生とかは。私もそうだった。

それでも当時は、イタリア物の直物《ちょくもの》のアルマーニのスーツが売られていた。その頃は本当に本場イタリア製だった。そのあと、10年後ぐらいに、私みたいな人間が、アルマーニをいっぱい買った。それはどうもイタリア製ではなくて、ベトナムか中国の山奥とかで作っていて、私みたいな日本人のおじさん向けの、手足が短い、太目に縫製《ほうせい》されたアルマーニだ。日本向けに特化した、輸出向けだ。それでもmade in Italy と表示していた。ウソなのだ。「イタリアで作っているふりをした」アルマーニだ。もし、日本の縫製業者（アパレル）が、アジア製なのに日本製とか表示して、バレ（露見し）たら、大変だ。業界追放処分だ。役所も許さない。ひどい処罰を受ける。だが、半分ニセ物アルマーニが、本当にイタリア製であるか否か、を調べる機関はない。そういうのは放ったらかしにされて、見て見ぬふりをされる。通関でうまく生産国表示が操作され貼り替えられたのだろう。

それでも、本物の直物《ちょくもの》30万円のスーツがあった時代があったのだ。バブルの

「車と女は私たちをダマしに来る」

©青野厚司

ランボルギーニ・カウンタックLP500S

あれからますます日本は厳しい時代に入った。1993年からの25年間（今2018年）。日本に「景気のいい話」はなくなった。今は、みんなスマホだ。電車の中も、座っている人はほとんどスマホを開いている。車の次はケータイ、で、その次はスマホでSNSだった。だが、これもやがて終わる。この次に一体、何が来るのか。それを考えつく（見抜く）人が真に頭のいい人だ。

頃、本当に。それを徹夜のアルバイト労働を一週間やって、買っていた若者たちがいた。私と同世代の人たちだ。

「車と女は僕たちをダマしに来ます」という言葉は、もう10年前の言葉だけど、いまも生きていると思う。若い男たちは、自動車に興味がなくなった。なぜなら、先輩とか、その上の世代が、車と女でさんざんひどい目に遭ったからだ。アメ車の中古が200万円ぐらいで買えた。シボレー・コルベットとかキャデラックみたいな車だ。イタリアの〝スーパーカー〟のカウンタックとか……6000万円もしたアルファロメオやフェラーリ。そういうのがあった。

あまりに故障がヒドかったので、日本社会からアメ車は消えた。1990年代に消えた。ところが、なんとそのあと、ヨーロッパの名車も消えた。アルファロメオとかフィアットとかも。

2005〜2007年には、小さなバブル（一時的な景気回復）があった。しか

"アメ車《しゃ》"というコトバも死んだ

日本でアメ車が我が物顔で走っていた時代（1970年代）

芝《しば》の東京タワー（1958年12月完成）の周りはまだまだ2階建ての木造の瓦屋根が建ち並んでいた。そこへゴジラが、東京湾から上陸してきた（東宝映画）。外国人（欧米白人）から見た日本（人）とは、「富士山、芸者、蝶々夫人《マダム・バタフライ》、ゴジラ」なのだ。これからもこのままだ。

し、やっぱりまた崩れた。サブプライム・ローン崩れ（2007年）とリーマン・ショック（2008年）が襲ってきた。日本はリーマン・ショックのとき、何も間違ったことはしていなかった。それなのに、日本の金融機関（大銀行たち）はアメリカの大銀行たちの破綻《はたん》の片棒を担《かつ》がされて、結局、ヒドいことになった。巨大な損を日本までが背負わされた。1億円で買った投資信託（ファンドという債権）が2000万円にまで暴落した。この投資で大失敗、大損害を出した日本の資産家（金持ち）たちは500万人ぐらい出た。しかし、このことは新聞記事にはまったくならなかった。

その頃までは、なんとかヨーロッパ製の、700、800万円から1500万円ぐらいするBMW《ビーエムダブリュ》やフォルクスワーゲンの高い車を乗り回している人たちがまだいた。でもこれも消えた。六本木にドン・キホーテというお店ができて、みんながあれを見て、がっかりしたときに、六本木が終わった。それが2001年4月だった。赤坂の一ツ木通りはいまも立派なのだけど、高級なお店はなくなった。六本木

は閑散とした街になっている。ミッドタウンという立派なビルが出来た。元の自衛隊（かつての防衛庁）だったところだ。あそこ辺はきれいそうにしている。が、もう六本木の時代は完全に終わっている。渋谷のほうが貧乏そうな若者たちに支持されて生き残っている。

男の性欲、女の物欲

だから、私の家に居た若者が言った、「車と女は私たちをダマしに来る」というコトバはズシリと重い言葉だ。みんな、ひどい目にあったのだ。女性にひどい目に遭ったことがある、という点では、まさしく私も、そういう体験をした。それは私が、相手の女性に近づいて強く親密になろうとしたからだ、と言えばそれだけのことだ。男と女の関係はダマし、ダマされの関係だ。どっちもどっちなのだ。このことは、こんな女尊男卑《じょそんだんぴ》の時代であるからこそ、はっきり言うべきことだと思う。

女の人はなぜ、あんなに懸命にお化粧するのか。女性は、自分のできる限りきれいに着飾る。まったく着飾らない人もいるが。「女性のお化粧は男（たち）をダマすためなのではないか」という質問を、私はこれまでに、ズケズケと、何十人かの女性にした。つまらない質問だが、これをやってきた。誰一人として、「そうよ。それに決まっているでしょ」と答えた人はいなかった。彼女たちは、私の質問に対して知らん顔をした。答えなかった。「そんなことありません」とすら言わない。「他の女たちとの競争で、私たちはお化粧しているんです」ぐらいの感じの回答がひとつ、ふたつあった。

だけども、「男をダマすために女はお化粧する」という日本語自体が、存在するようで、存在しない。男が女に、こういう失礼、非礼なコトバを投げかけること自体を、女は拒否する。聞こえなかったふりさえする。

「あなたは、本当に失礼な人ですね」と、表情と目つきだけで仕返しされた。そういう場面が多かった。そうなのだ。私は失礼な男なのだ。それでもなお、私はそう

いうことを平気で女性に向かって言ってきた男だった。嫌われるはずだ。私は、他に、その場で他に話すことがない。口にすることがない、という感じで、こういう無神経なコトバを女性たちに向かって吐いた。本当にバカみたいなのだけど、私は敢《あ》えてそう聞いた。そして相手の女性が何と答えるか、いつもチェックしていた。「失礼ね」と、言った人が本当に2、3人いた。女たちにも、半分自覚がなくて、お化粧は本能でやっていますということだと思う。

女というのは、5歳のときから、「私も〜」という言葉を覚えて、使って生きてきた生き物だ。女は5歳で媚態《びたい》の作り方を知っている。おじいちゃんとか、おじさんとかに、ベタベタくっつけば、いい思いができて、何かもらえるものだ、と思っている。ニコニコして、ベタっと寄っていって必ずくっつく。「私も〜」と言いながら、とにかく物をねだる。せびる。相手をダマす。そういうふうにして大人をダマす。男を騙す才能を持って生まれている。それが女だ。

男はそこまでやらない。できない。子どもが物をねだるのは、生物（生き物）の生態であり本性《ほんせい》である、としても、男はそこまでできない。この女のおねだりの本能（instinct インスティンクト）は、すごいものなのだ。本当にスゴい。5歳で目覚めて、70歳、80歳までやめない。

それは女の物欲《ぶつよく》だ。女の本性《ほんせい》（nature ネイチャー）というのは恐ろしい。これは女性に対するただ単に、純粋に紛《まぎ》れもなく悪口だ。だが、私はこの考えの表明を譲歩しない。「お前は、なんてイヤなやつなんだ。下品な人間だ」と言われても、この自分の考えを撤回しない。物欲は女という生物が持っている悪い性質だ、と言い続ける。何のために？　何のために、こんな無意味で、非生産的な考えに、私はこんなにこだわる（固執《こしゅう》する）のか？　じつは私にも分からない。「それはお前が、これまでによっぽど女性からヒドい目に遭った（すなわち、キズだらけの人生だ）からだろう」と言い返されたとして。

「そうかもしれない。でもそんなに人並みハズれて、私が女性からヒドい目に遭っ

たとは思わない」「私は、人間観察をしているのだ。私はひたすら、人間とは何ものなのだ。どういう生き物なのか。と考え詰めながら生きてきたからだ」そして「この人間研究の一部（半分）としての女の研究、女論を考えてきたからだ」と答える。女たちは自覚している。本能でやっているから。だから、15、17歳、20歳になって、男たちをダマすのだ。ダマさないと生物としての自分が生きてゆけない。

「男の性欲、女の物欲」という言葉を作ったのは私だ。このコトバは、私のオリジナルだ。男と女についての真理だと思っている。これは私が発見した真理である。私は20年ぐらい前に、この「男は性欲。女は物欲」と、経営者たち相手の講演会の場でとっさに言った。それがこのコトバを初めて発した時だった。「女たちは、ずーっと洋服とかバッグとかを、自分のスマホやPCの画面でじーっと見ていますからね。ずーっと見ている。やめられないんだ。これをやめたら、もう女ではないみたいだ」と私は観察した。

私の学生時代（45年前）でも、すでに大阪では、男と女は、デートしても割り勘だった。大阪人はさすがにエラい、と私は思っていた。東京では、割り勘はあり得なかった。絶対、男がおごらなければいけないという鉄のルールがあった。俺は違ったという人がいるかもしれないけど、そんなことはない。

男の下心で、女の人をダマしたい、自分のものにしたい、と思ってデートしているんだけど。そんな単純なものでないのかもしれないけど。男と女も千差万別で、いろいろな場合があるから、となる。しかし、私はもう複雑な話はしたくないのだ。キレイごとの難《むずか》しい本なら、この私でもたくさん書いてきた。それがイヤになった。だから、こんな身《み》も蓋《ふた》もない本を書いている。

男と女がなんとなく好きになり合って、互いに気がちょっとでもあると、男と女は、本当に付き合う。私は10年前に、勤めていた大学で授業中に嫌《いや》なことを言った。「あのね、男と女が二人で歩いているでしょ。あれはもうデキてるんだよ」

と、平気で私は授業で言った人間だ。「まさかそんな、二人で歩いているだけで」と周りは言う。二人で歩いている男と女はだいたい肉体関係がある。「えー、先生、それは言い過ぎだよ」と、私に学生たちからその場で抗議があった。私は、自分の考えが正しいと思っていた。二人で一緒にいたら、その男女はもうデキている、と冷酷に人間関係を見ていた。それぐらい男と女というのは、近しい関係である。

ボーイッシュな女ほど処女のままである。女の人に関して言うと、女性でボーイッシュでフレンドリーで、男の人たちといつも楽しく、賑《にぎ》やかに、わいわい話しているタイプの女の人は、だいたい処女だ。ずーっと処女だ、本当に。特定の男と付き合うということをしない。大企業なんかに入っても、社内の男の人と楽しく、にこにこ、いつでもフレンドリーでボーイッシュというのは、だいたい処女のままだ。これがかつては、エリート女性で良家の子女《しじょ》だ、と思われていた日航、

JAL《ジャル》のスチュワーデス（今は客室乗務員《キャビン・アテンダント》、CA《シーエイ》）の女性たちに多くいた。彼女たちは、「行かず後家《ごけ》」という古ーい言葉を、私は、わざと使いますけどね。処女のまま人生を終わる女たちがいる。本当に今でもたくさんいる。これは本当のことだ。

親が心配する。40歳ぐらいになって、うちの娘はきれいで美人で性格もいいのに、どうして男の人と縁がないのだろう、という問題だ。映画監督の小津安二郎《おずやすじろう》が描いた、〝永遠の処女〟と呼ばれた女優、原節子《はらせつこ》が自らの人生をそのように生きた。『晩春《ばんしゅん》』（1949年作）や『麦秋《ばくしゅう》』（1951年作）の感じだ。

それに比べたら、たいして美人ではなくて、ちっとも男にモテなさそうな地味《じみ》な女の子のほうが、ものすごく早くから男性経験がある。それは女神《めがみ》さまの性格をしているからだ。ちょっとでも自分に言い寄ってきてくれた男の人と寝ちゃう。そういう女の人ほど、世間を知っている。人生の知恵がある人たちだ。こういう女性たちは、自分の肉体というのがものすごく大事だとか、貴重だとか、汚らしいものを

避ける潔癖《けっぺき》症であるべきだとか、などとは思わない。だから気軽に男の人と付き合う。それが女というものの本来の良さで、それが本当の女神さまだ。女神さまというのは、男が自分の肉体を求めてきたら、さっさと差し上げるべき存在だ。私はそれが一番いいと思っている。女神さま、というのは、歴史上そういう女たちだ。だから売春婦を自覚的にやっている女性たち、というのは、女神さま（ゴッデス god-dess）なのである。そういう女性たちが世の中には本当にいる。世界中でどこの国でも、どんな時代でも、だ。

この手の女性たちは、目立たないで隠れている。だから、自分でも口では言わない。やっぱり女たちの中の賢い人たちだと思います。いわゆるあばずれ女で、誰とでも寝るという話とはちょっと違う。やっぱり相手を大事にするというか、肉体関係を大事にする。田舎の高校生とか、今はみんなそういうことをやっている、男女関係を。中学生でも。もう学校教育で止められるようなものじゃない。誰も止められません。学校側も大人たちもじつは知っている。私らの頃までですよ。50年前の

中学校、高校で、「不純《ふじゅん》異性交遊」とか言って、男女関係を禁圧していたのは。バカじゃないかと思う。と今頃、私が言っても何にもならないが。

私のいた高校は、県で一番の高校だった。学年で一番勉強のできる立派な男で、ハンサムでかっこいいのがいた。そして、また女の子で、美人でものすごくデキのいい子がいた。なんとこの二人が、一緒に逃げちゃったんですよ。駆け落ちした。そうすると、何となく学年全体に知れ渡るにきまっている。二人がいなくなったのだから。高校2年生でものすごいハンサムと美人が逃げちゃったんですよ。家庭もしっかりしていて、教育者の家で、虐《いじ》められることも何にもない二人が……。そのあと、東京の目黒高校に移った。

私は大学生になってから、このK君に、何人かで会いに行っている。東京の郊外のアパートに棲《す》んで、別の女性と子ども（赤ちゃん）を作っていた。私もK君もまだ、20歳だったはずだ。痛々しい感じだった。大変な勉強秀才だったのに。軽くだ

が精神を病んでいたのだろう。その後、どういう人生を彼が歩んでいったか知らない。まさしく傷だらけの人生の実例のひとつだ。エリートの転落というのは、また別個のテーマとして、本当にあるんですよ。

もう一人、私のいた県立のトップの高校で、このT君も、勉強が一番、二番みたいなやつで、環境庁（今は国土交通省の一部）に入っていた。なんと、私が銀行員をやっていて、アメリカから帰って来るとき、飛行機の中で週刊誌の記事に名前が出ているのを見てびっくりした。そのT君は、千葉県の東京に近いほうの官舎でね、東大法学部出ているエリートだったのに。奥さん宛てに、「君とずっと生きたかった」という遺書を残して。官舎の裏の林で農薬を飲んで死んでいるんですね。こういう人もいましたね。かわいそうだ。

やっぱり、勉強ができ過ぎるというのは、頭の病気を抱えていますね。こういうこともはっきり言わなきゃいかん。もっとはっきり言うと、東大医学部なんか、90

人いるうちの半分。すなわち45人は精神障害者だと思いますよ。こんなことを書いていいのかなあ。どこかから抗議が来るんだろうなあ。でも、書く。「とてもメスは握らせられない」とか、医者たちの間では言われている。おかしいのだ、この人たちは。高校時代に英語の辞書を開いたら、辞書まるまる一冊丸暗記するような人たちだから。とんでもない能力があるんだけども、ある意味ではかわいそうだ。社会への適応力がない。というよりも、頭のご病気を抱えているんです。私はそういう人をこれまでにたくさん見てきているからね。

だから、真面目で、立派ですばらしくて、人当たりもよくて、人間関係もうまくて、休日にはスポーツをして、エリートでっていう人ほど、どこかおかしい。そういう人たちが本当にいる。それは大企業の社長なんかになる人でも、いる。本当にいる。だから、頭がよすぎる人ほどおかしい。というのは、みなさんでも分かるでしょう。こういうことを誰かが言わなきゃ（書かなきゃ）いけないんだ。それが私

の役目だ。私も、生来、ヘンな人間で、頭がいいから。どうしても、こういうことを書きたくなってしまう。私は、ものごとの境界線を踏み越えてゆく人間だ。

それに比べたら、普通の人々というのは、いい加減ですからね。いい加減で、おかしいまま、学校時代も勉強もあまりできないわけでね。こういう人たちが一番強いのだろう。鈍感《どんかん》ですからね（このことはあとのほうで書く）。勉強ができたということは、長い人生の間には、エラくもなんともない。それよりも、人間関係をうまくこなして生きていけるやつが一番エラいんだ。まあ、人生、そう何でも簡単ではないですけどね。

「魔性の女」は怖わーいぞー

こうやって私は逃げ回りながら、なかなか自分の女関係のことは書かないですね。私が結婚してから現れた女性で、ひどいのがいた。これはひどかった。私に子

どもが、赤ちゃんが生まれたばかりの頃なんですよ。なのに親しくなったら、「私と結婚してください」と言い始めた。これには本当に参った。あとで分かったんだ、これ冗談だったんです。私を振り回したのだ。とんでもないやつだった。

この女は、私の弟子の中のかっこいいのとくっついて行ってしまいました。今は何をしてどこで生きているのか知らない。だから、あきれ返りますけどね。いやー、あの頃は、本当に参った。だけど、私はこの女に狂ったんだね。あんまりこれを書きたくないんだ。ここはあとで編集で削ってもらいたいんだけど……。彼女は、私が書いた本を読んで感動しました、と言って寄ってきたんですよ。美人できれいだった。頭もいいんだろうと思って感心した。

もうこの時から私が騙されている。私もいい気になってよく喋った。「それで、あなたは、私に何を求めているんですか。あなたは何が出来るんですか」って聞いたら。「私は何も出来ません。ここで脱ぎましょうか」って言って脱いじゃったん

46

美しく破滅する人生は、文学（虚構《フィクション》）の世界でだけ成立する。現実の世界ではもっとケチくさい。

『マノン・レスコー』（1731）

アベ・プレヴォー（1697–1763）の小説は「ファム・ファタール」の原型になった。まさにマノンに引きずり回された主人公の騎士《シュヴァリエ》デ・グリュー。このあとアメリカまで引きずり回される。

ですよ。とんでもない光景ですね。私の頭がぐるぐる回ってしまうに決まっている。それから2年間ぐらいが地獄でしたね。そして、やっぱり奥さんにバレちゃって。バレるに決まっているわけですね。私は私で、その女を自分のほうに引きとめようとして、奥さんと子どもと別れて君と結婚するとか言い出して。40歳ぐらいでこの地獄をやったわけですよ。本当に悪い女だった。悪い女っているんですよ。

今、このとき私は、完全に私《わたくし》小説の小説家になっている。私小説《し》ともいう。日本の明治末、大正、昭和の自然主義文学の、最後の波として、私《わたくし》小説の時代が現れる。自分の生活（人生）を赤裸々《せきらら》に書く、ということを文学作品にした。葛西善蔵《かさいぜんぞう》（1887－1928）と嘉村礒多《かむらいそた》（1897－1933）が、その代表とされる。

『マノン・レスコー』（1731年作）という、アベ・プレヴォー（1697－1763）というフランスの小説家が書いた小説で、オペラにもなっている有名な

作品がある。ヘンな女に引っかかったが最後、ここからが大事。ここから文学者系《けい》の知識である。私は知識人だから書くのだけど、その男の人生が、そして女もボロボロになってゆく。その魔性《ましょう》の女に男が引きずり回されて、最後は、開拓時代のアメリカまで渡って、アメリカの砂漠の中に女が消えていって、そのあとを男も追いかけて行くんですよ。とんでもない小説でオペラだ。今も人気がある。「魔性《ましょう》の女」というのは、これは、いい言葉だ。本当にこういう女が世の中にはいます。レベルがいろいろあるだろうけど。魔性の女というのは、高校にも大学時代にもいるんですね。それに引っかかったら最後なんですよ。魔性の女を見抜いたほうがいい。まあ、一言で言うと、きちがい女ですね。魔性の女の系統は、文学作品になっている。いっぱい、ドラマになっている。だいたいこの魔性の女が出てくる。

このテーマ（主題）を扱った映画で大事なのは、ラスベガスにカジノ（賭博場）のホテルを作ったバグジーと呼ばれた男。ベンジャミン・シーゲルが本名ですが、

〝バクジー〟・シーゲルと呼ばれた。アメリカの1930、40、50年代を生きたマフィア（暴力団）の大幹部で、今も有名な人だ。映画『バクジー』〝Bagsy〟（1991年作）というのがある。こいつは、ニューヨークの暴力団の大親分の一人なんだけど、まだ砂漠だったところにアメリカ政府のTVA《ティヴィエイ》計画（テネシー渓谷開発公社）で、水を引く巨大な、失業対策の公共事業の計画があって、これで電力と水が引かれて、この辺境の地域全体に都市ができた。それが娯楽都市ラスベガスだ。砂漠にラスベガスを作った男の物語だ。で、ここに最初にできたホテルがフラミンゴ・ラスベガスだ。それがいまでもお化け屋敷みたいに残っている。私は現地でそれを見た。

その女、アネット・ベニングが演じたヴァージニア・ヒルを愛して、この女にバグジーは死ぬまで引きずり回されて、振り回されて、とんでもないことになった。最後はバグジーがニューヨークの大親分の中の大親分、ラッキー・ルチアーノの殺し屋に撃《う》ち殺されるんですね。いっぱい使ってしまった金を返せなくなったという

アメリカ・マフィアの大親分ラッキー・ルチアーノの弟分。本当に今のラスベガスを作った男だ。最後は惨殺された。

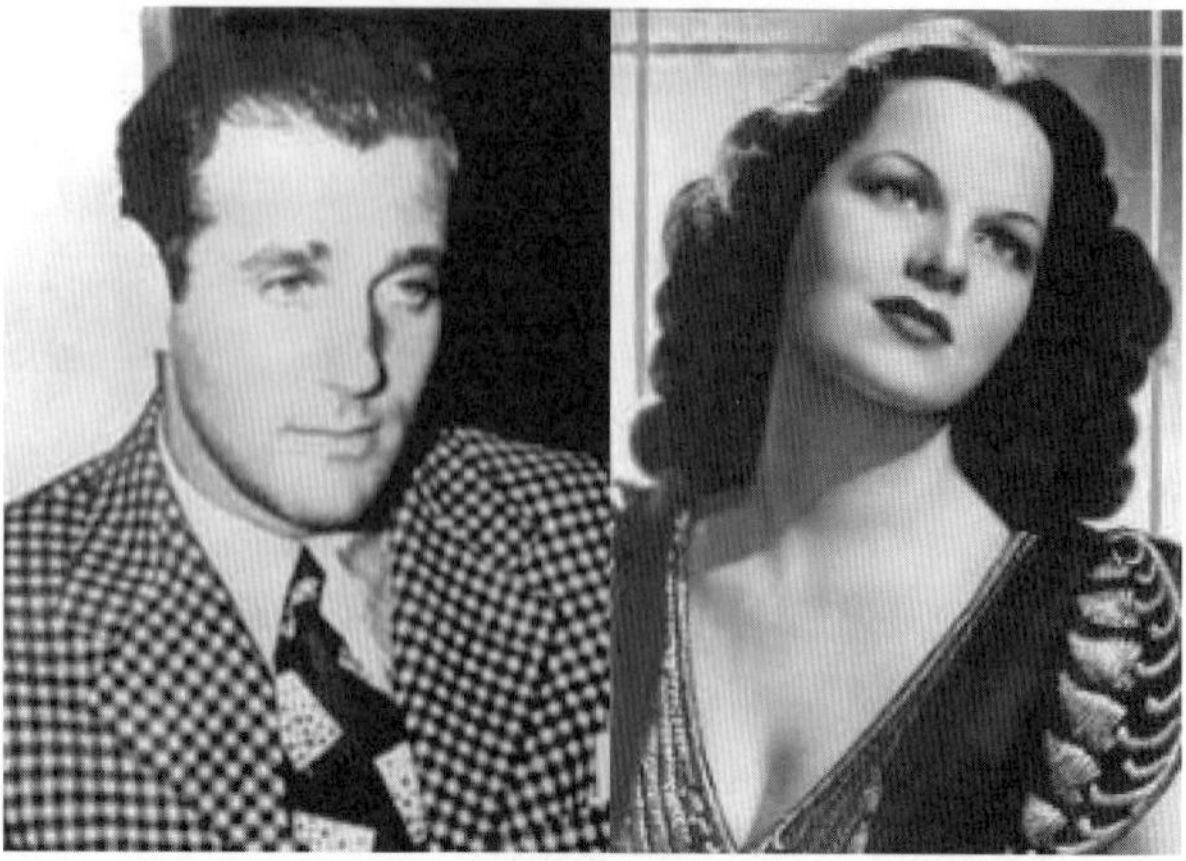

ラスベガスを作った男ベンジャミン・〝バグジー〟・シーゲル（1906-47）と「魔性の女」ヴァージニア・ヒル（1916-66）

ウォーレン・ベイティとアネット・ベニング主演の映画『バグジー』（1991）になった。

ことが理由だ。この男がバグジー。あの世紀の大歌手フランク・シナトラなんかは、このバクジーの弟分だ。彼はラスベガスでもずっと歌っていたわけだから。それが本当の世界だ。やっぱりね、この女だったら、きっと自分も狂うよな、みたいな。他にもいっぱいある。映画だけでも十作ぐらい並べなければいけない。あの大作で名作の、『欲望という名の電車』（1951年作）がそうだ。女優のヴィヴィアン・リーがブランチ・デュボアを演じた。このブランチを愛した、若いマーロン・ブランドが演じたスタンリー・コワルスキーが、激しい言い合い、怒鳴り合いをする。もともとは、映画ではなくて、テネシー・ウィリアムズが、ニューヨークのブロードウェイの劇（ドラマ）の台本として書いたものだ（初演1947年）。大女優ヴィヴィアン・リーが演じたブランチは、本当に痛々しかった。

いわゆる「ファム・ファタール」（ femme fatale ）というやつだ。フランス語で「運命の女」と訳す。ダイアン・レインとリチャード・ギア主演の、そのものずば

生来の危険な女（ femme《ファム》 fatale《ファタール》 ）と付き合うと大変なことになる。まさしく傷だらけの人生になる。

男たちはこの映画を見たあと、映画館の席から立ち上がれなかった。

『危険な情事』“Fatal《フェイタル》 Attraction《アトラクション》”(1987)

り『運命の女』と、邦題がついた映画もあった。原題は *Unfaithful*「アンフェイスフル（誠実でない）」だった。

この流れに『フェイタル・アトラクション』（*Fatal Attraction*　1987年作）という映画がある。邦題は『危険な情事』。今から30年前の、ニューヨークが舞台の映画だ。弁護士で立派で優秀な男が、ふらっと現れた女とできちゃって、奥さんにバレないように付き合っていた。ところが、恐ろしい女でね。自分に同情を惹くためにリスト・カット（自分の手首を切ったり）する女で、魔性の女だ。マイケル・ダグラス（名優カーク・ダグラスの息子）演じる男が、この女につけ狙われだして、ニューヨークの都会に住んでいたのを、危険を察知して遠距離通勤する郊外の一戸建てに移る。その女が追っかけてきた。

奥さんと子どもと、庭で食事をしてにこやかに笑っているところを、その女が、どっかから見ているんですね。そして、留守のときに、勝手に家の中に入りこんできて、子どもが大事にしていた、かわいがっていたウサギを煮込む。ぐつぐつ煮込

んだ鍋があるわけですよ。もうそうやってどんどん男を追い詰めていく。最後は、女が包丁を振りかざしながら出て来た。ナイフを握りしめて。男が女を浴槽の中に首を絞めて、殺して、死んだと思ったら、またバスタブからばーっと亡霊のように男に向かって立ち上がった。そしたら、それを奥さんがバーンとピストルで撃ち殺したんです。

あの映画を見たら、それまでに、そういう女とデキた経験のある男は、腰が抜けて、映画が終わったあとも映画館の席から立ち上がれなかった。それぐらい素晴らしい出来の作品です。いま見てもきっと恐ろしい。

ここで余計な話ですが、私は映画評論の本もこれまでに5冊出していて、その中で、この映画について評論《レヴュー》している。私が書いた、往年の名作、大作映画たちについての解説本だから、おもしろくないはずがない。今からでも買って読んでください。宣伝でした。

だから、これは、地雷を踏むな、という言葉と同じだ。危ないと思ったら、そこに近寄ってはいけない。危険だ、と判断したら、人間はその場から逃げなくてはいけない。現場から脱出する。そういう、注意力と自己防衛の力を持たなくてはいけない。だから私は、人生の教訓として、注意せよ、用心せよ、警戒せよ。あ、待てよ、と思って考え直す、というコトバを大事にしている。これらの言葉さえ呪文のように唱えることができたら、人生の危険から逃れることができる。

逆の場合もたくさんある。男でひどい人間がいる。そういう生来の暴力団のような男に追い回されて、ヘンな男に追い回されて、最後は殺されてしまった女の人たちがいる。本当にいる。気をつけなさい、では済まない。人生は危険に満ちている。

最近はあまり注目を浴びないが、ストーカーというコトバがあって、今では当たり前のコトバとして世の中に定着している。ストーカーされる、とか、ストーカー行為だ、とか。男によるものの他に、女からの男へのストーカーもある。女にずっ

と追いかけ回されて、ついにその女を殺してしまった事件まである。

その一歩手前で、周りの人たちに恥をかくことを承知の上で、そのことを、みんなに話して、周りに「助けてください」と助けを求めるのがいい。警察に駆け込むというドラマがいくつもあった。新聞記事を注意深く読んでいると、私にはそこにある裏側の真実のストーリーが透けて見えたりする。あ、この女は魔性の女だ、と。最後は、その歯医者の男が女を殺さなければ解決しなかったのだ。殺すことで、犯罪者になることで、その男ははじめてホッとしたと思う。その女から何年も追いかけ回されて、もう止めようがなかった。相手を殺すことで、やっと解放された。悲惨な話である。

女が被害者の場合は、警察が止めてくれる。家族と警察が間に入る。本人が騒いで、大騒ぎになったら。ヘンな男に付きまとわれていると言うだけで、社会が助けてくれる。男の場合は、あんまり相手にされない。最後に絞め殺すまでいくケースがある。これがいまもあるか、どうか。20年ぐらい前までは割りとよく見かけた。

そのあと、世の中がそういう段階を越したのかも。今は、若い男たちがみんなオカマさんみたいになってしまった。

そこまで行っちゃってるから、男のほうが逃げる。女が追っかけ回す。私が教えていた頃の予備校の、一番の人気講師に、女子学生がずっと付きまとった。すごかった。で、同僚たちがみんなでその女をとり押さえて、警察に突き出した。もう許さない、と言って。警察は、最初は信じないんですよ。友だちである私たちが、一緒について行ってね。警察はまず、私たちを一人ひとり引き離す。それぞれ別の警察官が対応して話を聞く。そして、真実はどうだ、と。やっぱりこの女がおかしい、となった。その予備校の講師なんて、防弾チョッキを着ていた。その女が自分の家の中に窓から入り込んできたりした、というんですよ。恐ろしかったと。

警察が入って、弟さんが迎えに来た。そのあとも何かあったみたいだけど。警察も分かっているから、引き離したみたいですけどね。その女がずっと毎日毎日、手紙の山を書いてくるわけだ。恐ろしいんですよ。こういうケースも誰かが書かなけ

ればならない。これが男女問題の恐ろしさだ。

そして、結婚したあとの、外見《そとみ》には普通そうに見える男と女の夫婦関係に、本当の恐ろしいドラマが続く……。

第2章 お金でダマされた

エリート銀行員の末路

人《ひと》をダマす奴は、自分がダマされている、ということがある。自分がダマされているものだから、それが連鎖して、仕方なく他の人をお金でダマす、ということになる。これが本物の詐欺師への転落の道だ。

私は、これまでに「この人は本物の詐欺師だ。生来《せいらい》の詐欺人間だ」と感じた人、数人に会って話している。そういう人間たちが近寄って来たことがある。ヌーッとした感じで、陰《かげ》のある感じで、少し引きつった奇妙な笑い顔を浮かべている。「この人は、刑務所に何回か入ったのだろうなあ」と強く思わせる人間たちだった。そういう感じが、ジワーッとこっちに伝わってくる。ろくでもない人間たちなのである。それでも、性懲《しょうこ》りもなく、人を次々にダマしながら生きているようだ。

金融詐欺という世界があって、一言で言うと、立派そうに見える金融業界で、仕事をしている人たちの間で、トラブル、事件、犯罪がたくさん起きている。銀行員というのは、かつては立派な職業だった。今はかなり評判が落ちている。大銀行と地方銀行と信用金庫がある。昔はエリートだった。私の大学時代のクラスやゼミの者たちも、二割ぐらいは銀行員か商社マンになった。そういう人がいっぱいいた。そういう時代だった。とくに親兄弟がしっかりしている、いいとこの家庭の、性格に何の歪みもなさそうな人たちが、大銀行に就職した。コネもある。私のような地方出身者とは違う。

それでも、40年前の大銀行では、大銀行に入社した若い行員たちは、入社したてで何をやるかというと、研修が終わると支店勤務で、さっさと営業職に回されて、やっぱり投資信託（ファンド）を売らされていた。2007年のサブプライム・ローン崩れ、2008年のリーマン・ショックまでだ。いや、今も売って（売らされて）いる。これらが詐欺《さぎ》商品なのである。外国で組み立てられた投資信託だ。

銀行全体の資金運用部には、ファンド・マネージャーといって、タックス・ヘイブン（租税回避地《そぜいかいひち》）で作った資金を運用する者たちがいる。そこからの収益源は、新興国の成長株だったり、新技術や資源など、いろんなところから利益を引っぱり出す。大銀行などでは、本部の戦略部門とか、資金運用部という名前の部署がある。外国で作られた投資信託を表紙だけ貼り替えて、日本国内で組み立て直す。一番最低のものが「グロソブ」という金融商品だった。「グローバル・ソブリン・ボンド」という。これは、「世界銀行の保証付き」とか、「南アフリカの国債を組み入れたボンドです」とか、「ブラジル国債を組み入れています」とか言って、「新興国の成長ファンド」とかいって、そういうのを本当に山ほど、いっぱい売った。「組成《そせい》」といって、一つの金融商品の中に、いろんなものを寄せ集めて「組み立て」している。

それで1本3000億円、5000億円、2000億円とかにする。そういうのを本当に売っていた。それを日本の小金持ちたちを騙《だま》して買わせた。一人一本、

3000万円、5000万円、1億円とかで売りつけた。有名なのは「グロソブの島」と言われた。小豆島《しょうどしま》で、一本1億円で買った人たちがたくさんいた。それが2000万円ぐらいまで落ちた。5分の1の値段だ。それが2008年のリーマン・ショックだった。そういうものを証券会社だけでなく、大銀行も売っていた。平気の平左《へいざ》で売っていた。

東京のいいとこのぼんぼんを、新入社員として採用して、彼らの親、兄弟、親戚、友達に、それらの投資信託《ファンド》を買わせた。それが銀行の営業の実態だ。銀行側はそうやって販売手数料を取って売上げを上げて、利益を出していた。銀行がいい家の子どもを行員にとる、というのは、そうやって3000万円、5000万円、1億円の投資信託を、周《まわ》りの人たちに買わせるためだったのだ。生命保険のおばさんたち、と同じである。それが、2008年9月にポーンと弾《はじ》けた（バブルが吹き飛んだ）。このときのリーマン・ショックで大損をした人（させられた人）たちが、

日本にも何百万人もいたのだ。500万人ぐらいの金持ち、投資家たちが大損をした。しかし、このことの真実は、どこの新聞もテレビ局も、週刊誌さえもまったく記事にしなかった。「個人の投資の話なので」と。

私が実際に知っているだけでも、大損した人が百人ぐらいいる。私の金融講演会に来るお客たちの多くも、これでやられた人が多い。結局、銀行員をやめてしまうのだ、その大銀行の若い社員たちは。彼らは、「ほとぼりが冷めるまで、どこか北海道の支店にでも行って来い」の配置転換さえも、もうできなかった。「私のお金を返して」と怒鳴る婆さんたちが出てきて、「あんた、なんてことをしてくれたのよ。私が損をした5000万円を返しなさい」とか。もう本当に地獄だ。これが、この世の地獄だ。そうやって親、兄弟、親戚、友達から喚《わめ》かれてごらんなさい。たまらないことだ。

その若い銀行員は、以後、一生、陽《ひ》の当たるところには出られない。一生を暗い

感じで、どこかでしょんぼりと働きながら生きてゆく。まさしく傷だらけの人生だ。そういう人が、本当に、この実《じつ》社会にはたくさんいるのだ。

銀行に言われたまま、「売って来い。成績を上げろ」と、ハッパをかけられて、その挙句《あげく》、銀行からはトカゲの尻尾切りされる。「担当者とお客さまの問題ですから」と。ホントにヒドい連中なのだ。

この悲劇のドラマが、本当に日本で進行した。新聞には、今もどこにも書かれていない。いっさい書かれていない。一行も書かれていない。これは恐るべきことなのだ。そういう人たちが、実際にあの頃200万人、300万人いた。一行の新聞記事にもならなかった。私は2010年に、幻冬舎から『お金で騙される人、騙されない人』でこのことを調べて書いて出版した。あの時点で、細々と書かれたあちこちの週刊誌の記事とかを、かき集めて一冊にした。

騙されたほうの人も、哀れなものだ。3000万円、5000万円、1億円を

吹っ飛ばしたわけだ。「本当に馬鹿だった、私は。いい気になってついふらふらと銀行員に乗せられた」とか、「自分のような者のところにまで、こんな大銀行がやって来て、相手にしてくれるなんて、で騙された」と、私に言いに来た人たちがたくさんいます。だが、私には何もできない。助けることができない。「その銀行に怒鳴り込みなさい」と助言するしかなかった。

私、副島隆彦は、自分がこれまでに書いた金融本で、人々（読者）を騙さなかった。ああ、よかった。だから私には信用がある。この私の信用は、金融や投資のことで、人々に損をさせなかったからだ。「気をつけなさい」、「危ないですよ」、「用心しなさい」、「いや、待てよ。これは騙《だま》しかもしれない、ともう一度考え直しなさい」と書き続けた。

このことが、私が金融評論家として今も生き延びている理由だ。「危ないことしたらあかん、必ず騙されますよ」と言い続けた。私以外の金融評論家は、生き残っていません。本当に。○○○○とか、△△△△とかね、あまり名前を聞いたことが

ない二流の人たちがいま金融本を出している。あとは□□□とか。私は、大手の経済新聞とかからは「暴落論者《ぼうらくろんじゃ》」とか言われていた。日本で1998年から暴落本を書き続けたのは、まさしく副島隆彦だ。私が、このジャンルを引っ張ってここまでやって来た。もう20年になる。他の専門家（業界人、有識者）たちは、まず自分自身が市場で浮かれて騙された。その結果、多くの人々（テレビや本の読者）を騙して大損をさせてしまった。

副島だけは騙さない、騙されない、と言われた。私は、金融評論業界で、投資家や資産家たちに損をさせていない。なぜなら、「これから日本の景気はよくなる。さあ、どんどん金融商品を買いなさい」と書かなかったからだ。私は人々（私の本の読者）から「先生の本のおかげで、儲かった」と言われる。それは「金《きん》の地金（ゴールド・インゴット）を買いなさい。他のものは紙キレだけど、金《きん》だけは実物資《じつぶつし》産《さん》です」と、2002年ぐらいから、ずっと言って書いてきたからだ。もう16年に

なる。私の本の読者に金を買わせて、それが3倍になった。そういう人は全国にたくさんいる。私の本の読者をつくってきた。今も全国に、10万人とか20万人の「あなたの体は、金の信用でできているんです」と冗談を言う。あまり自分で自分をホメて書いてはいけないが、私にはこの分厚い信用がある。こうやって私は、自分の本の読者をつくってきた。今も全国に、10万人とか20万人の「あなたの本のおかげで大損をしないで済んだ」という人々がいる。

たとえば、何回か出演した名古屋のテレビ局の、アナウンサーのおねえさんが私に言った。「私と母はそれぞれ5000万円ずつ、父から相続しました。私は、副島先生の本を読んでいたから、危ない、と思って、全部、投資信託を売りました。でも母はじっと持っていました。それは本当に、紙くずになって全部なくなりました」と言った。「私は先生の本に書いてあることを読んで、ピンと来て、さっさと売りました。そのあとにリーマン・ショックが来ました」と。私にとっての、本当のお客様というのは、そういう「はっと気づいて、危ない」と思って、逃げた人た

ちだ。人生は多くの危険、騙し、罠に満ちている。このことを分かることは、ものすごく大事なことだ。

金《きん》は、現物《げんぶつ》で、地金《じがね》で、実物《じつぶつ》資産だから、人間を騙さないんですよ。紙切れじゃないんですよ。実体のあるもの、「タンジブル・アセット」と言う。この実物資産(tangible asset タンジブル・アセット)以外は信じるな、と。株も債券《ボンド》も、投資信託(ファンド)も、生命保険とかも、すべて紙切れの契約書だけである。だから実物資産ではない。やがて、現金(お札《さつ》)や定期預金や日本国債《こくさい》だって、紙切れになる時代が来る。この思想を、私は世の中に広めてきた。私はそれで信用されるようになった。

先ほどのエリート銀行員たちは、銀行を辞めていって、今どこで隠れるようにして生きているか分からない。会社に勤めているだろう。小さな会社にね。親、兄

弟、親戚、友人に投資信託を買わせて大損させて、恨まれながらどこかで生きている。もとは、ええとこのお坊ちゃまたちだ。なんとか生き延びているはずだ。そうやって大企業を辞めて、失業して、行方不明になった人たちがたくさんいる。世の中の本当の恐ろしい話だ。本当の本当の世の中（実際の現実の社会）は、こういう凍りつくようなお金《かね》の損得の実話で満ちている。私も決して他人事《ひとごと》ではない。ただ、私は自分が書いた本で、自分の読者たちに大損はさせなかった。「注意しなさい。用心しなさい」と書き続けたから。だから、私は今、手負い狼（おおかみ）になっていないのだ。これが私の誉《ほこ》りだ。私は、まっとうにお天道《てんとう》さまの下で堂々と生きている。

彼らは転業して、しぶとく生きている。人間は簡単には死なないから。転職は転職でどんどんやるべきだ。いつまでも同じ企業（会社）にしがみついている必要はない。能力とやる気さえあれば、生きていける社会だ。銀行業なんて、かつてはエリートがなる職業だった。いまはもう誰も鼻もひっかけないみたいな職業になっ

た。もっともっと潰れるんじゃないか。潰れないために他の銀行と合併、合併で、政府が銀行を減らしている。私は昨年（2017年）『銀行消滅』（祥伝社）という本を書いた。

日本の3大メガバンクも、それぞれ1万人ぐらいずつ、首を切る、行員を減らす、と発表した。だから、これだけで3万人のリストラになる。この動きが他の産業でも起きている。どこの企業も、大企業でも厳しい経営をしている。

訳あり人間

私にも甘いところがあった。

2015年の12月に、仕事用の家に泥棒に入られた。金庫ごと合計1500万円相当の、現金と金《きん》を盗まれた。このことは他の本（『税金恐怖政治が資産家層を追い詰める』幻冬舎、2017年）に詳しく書いた。

「やっぱり、先生は（人間）性悪説《せいあく》じゃないから、泥棒されたんだよ」と言われた。「世の中の人々に対して性善説だから、甘い考えをしているから泥棒されたんだ」と、私の読者の資産家たちに言われた。私もこの歳になって、もう性善説を捨てようと思った。性悪説に立とうと、考えを変えた。

この間、私は自分の金融セミナー（だいたい500人ぐらいの投資家と資産家が全国から来てくれる）で、「連帯保証人になったら大変なことですよ」という話をした。債務《さいむ》（借金のこと）を連帯保証した自分の親友が、どこかへ逃げちゃったり、本当は悪いやつだったりすると大変だ。債務（負債）を自分が払わなければいけなくなる。「友だちだろう。ちょっと名前（名義）を貸してくれよ」と言われて。名前を貸したが最後。本人が逃げてしまうと、自分に掛《か》かって来ますからね。怖いですよ、この連帯保証人というのは、気をつけないと。

私自身は、さすがに債務（融資金、借入金《かりいれ》）の連帯保証人として署名してハンコ（印鑑）をついて（捺印《なついん》という）、それで自分に支払い義務が生まれて大変なことに

なった、という経験（痛い目）はない。だが、私の周りには、連帯保証人になったばかりに自分の会社を潰された、という人たちがいる。自分のせいではなくて、他《ひ》人《と》のせい（所為）で、自分の職業、事業（ビジネス）がダメになった、という人たちがいるのである。本当にいる。私の近所の、元《もと》経営者という、散歩仲間というか、朝の立ち話をする人もいる。「友達を助けてやろう、と信用したばっかりに。2億円の債務の保証人になって。それで自分の会社まで倒産した」と話してくれた。そういう人たちを「訳《わけ》あり人間」と、この辺りでは呼んでいる。私が仕事用に使って棲（住）みついている熱海の家の辺りで、私が、20年ぐらい前に、驚いて採集したコトバだ。それが、「あなたも訳《わけ》ありですか」だ。これも金融セミナーでこのあいだ話して笑いをとった。「あなたも訳ありですか？　と聞くんですよ」と。みんな笑っていた。

伊豆半島にたくさんいる。熱海から南側一帯が伊豆半島だ。たくさんいる。東京

で会社を潰して、5億、10億円の借金を「踏み倒し」て、ボロ車《ぐるま》一台で必死で逃げて来たという人たちだ。彼らは暴力団ではなくて、元経営者ですからね。しっかりとした人たちなのだ。一代で会社を大きくした人たちだ。それで、彼らが今どこに住んでいるかと言うと。自分が所有する別荘ではない。家族が持っていた（奥さんや子ども名義の）別荘でもダメですよ。差し押さえられる。だから、じいさん、ばあさんが持っていた別荘に住み込む。

祖父、祖母名義の別荘だったら、祖父母が死んでも自分名義にしていなかったら（相続手続きをしていない）、裁判所（執行官《しっこうかん》という）が調べても分からない。会社が潰れたときは、怒った債権者が押しかけて来る。今は裁判所の中で、破産法《はさんほう》の手続きにしたがって「債権者集会」というのが、裁判所の中の部屋で開かれるんですよ。そのときに、管財人《かんざいにん》というのを、裁判官が任命する。だいたい弁護士です。この管財人が残っている財産、資産をかき集めて、リストにして最終的に債権者たちに分配する。2年後とかに、均等割りすると、だいたい5パーセントが返ってくる

んですよ。

だから、倒産《とうさん》（破産）した会社に1億円の取り立て債権（貸し金）があったとすると、だいたい５００万円でしょうね。１０００万円なら50万円だ。だいたいそんなもんです。それが2年後か、３年後かに、破産者と取引きしていた債権者に戻ってくる。これで終わりです。破産管財人が平等に分割する。一番最初に、従業員たちの給料の分、退職金の分が差し押さえられた分から優先的に払われる。

ところが、なんと、この賃金債権（従業員だった者たちの未払《み》いの給料とか）よりも公的《こうてき》債務のほうが、優先する。ひどい話ですよ。つまり、税金が優先権をもっている。税金の滞納していた分とか、がぼっと頭《あたま》から持っていきますからね。そのときは、社長はだいたい逃げていますから。「オレのカネを返せ」と、袋叩きにされたりする人もいるんだろうけれども、その前に逃げちゃうんですね。そして熱海に逃げ込む。

この、企業の倒産《とうさん》（これは日常生活用語。１９９０年代の〝銀行危機〟のときから、

破綻《はたん》というコトバが新聞で使われるようになった）で、世の中で騒がれて、社会問題になった大企業や、詐欺商法のおかしな企業とかの場合は、メディア（テレビ、新聞、週刊誌）が追いかけまわす。破産した会社の経営者がテレビに出てきて、しょぼんと釈明して謝る場合もある。こんな経営者は、まだまとも。長年、自分の商売を体を張ってやってきたのだ。その業界では有名人だったのだろう。景気のいい時は羽振りもよくて、何百人も社員（従業員）を抱えて豪勢にやっていた時代がある。普通はもう夜逃げしてしまって、行方《ゆくえ》をくらまして、裁判所での債権者集会にも出てこない。逃げてしまっていません。

そういう逃亡破綻経営者が、伊豆半島に隠《かく》れ住んでいるのだ。そして「あなたも訳ありですか」だ。私がそれとなく知っている伊豆半島にいる元《もと》社長や経営者たちは、伊豆高原から下田のほうまで、西《にし》伊豆（沼津の側）のほうも、ずーっと別荘地帯にいる。この辺にいる人たちは、まともな人たちだ。この人たちが私の本の読者で、かなりいる。そういう人たちが私の本を熱心に読んでくれた人たちだ。そう

するとね、彼らは、この20年間の間の、日本のバブル崩壊と〝経済大失敗〟で命からがら東京や、大阪からも来ている。

会社潰しちゃったから従業員は散り散りばらばらでしょう。社員（従業員）たちは、一番に給料の3か月分とかもらえる。いや一番じゃない。一番はまず税務署。それから銀行の債権だ。悪賢い経営者は銀行の借金だけ残して、他は破産する前にきれいに全部、消している。計画倒産だ。周りの人たちに迷惑をかけない。長年の取引先や親兄弟、親戚、友人たちから、の借金だ。それらを上手に処理する。そういう賢い人々がいるわけ。優秀な経営者たちは、清算《せいさん》というんだけど。清算手続きに入って、法人（会社）をきれいに辞めてしまうんです。法人を解散するというか、きれいに法人登記も抹消する。ということは、借金0ですよ。きれいに会社を解散させてから、別荘に住みにくる、という人もいる。立派な人たちだ。その次は、銀行の借金だけ残して消えちゃうというタイプの人たち。親兄弟、親戚、友達に迷惑をかけていない。

銀行は銀行で、担当のやつが怒り狂っても、社内で責任問題になるだけ。もう慣れていますから。「取りっぱぐれ」だ。ただ銀行はもともとなかなか貸さないですよ。これは危ないな、と一瞬でも思ったら貸さない。取り上げようとする。〝ジャブジャブ・マネー（緩和《かんわ》マネー）〟と〝ゼロ金利（超低金利）〟で、お金がいっぱい市中《しちゅう》に出回っているから、中小企業にも貸す、なんていうのは、ウソだ。銀行は貸さないんですよ。

詐欺師が近づいて来る

連帯保証人になってヒドいことになった、という人以外にも、自分の親戚や友人にカネを貸して、結局返してもらえないで、結果的にお金をダマしとられたに等しいという人もたくさんいる。とくに、1980年代のバブルの時期（もう30年前だ）に、急に金持ちになった人たちで、その後ヒドいことになったという人がたくさん

いる。

　ビジネスでの成功や親からの相続財産で、お金が入って、急に羽振りがよくなると、急にその人にいろいろと変なのが近づいてくる。詐欺師だ、と分かっていればいいのだが、それがはっきりしない。いろいろなタイプの人間が近づいてくる。女も近寄ってくる。高収入そうだから、この人と仲良くしようと、ベタッとニコニコと近寄ってくる。新しい事業を始めましょうとか、もっと楽しい生き方をしましょう、と言葉巧みに近づいてくる。

　芸能人や漫画家、作家たちの場合は、お金のことに疎《うと》い人が多いから、芸能プロダクションの経理担当とかが、事務所の業務の重要なところを握っている。芸能人やスポーツ選手のお金の管理をやっている人が、お金を持って逃げますね。そういう事件が世の中には、ふつう思っているよりもたくさんある。結婚した相手が、そういう人だった、ということもある。真に恐ろしい話だ。

　あなたをダマそうとして近づいてくる人たちを予《あらかじ》め見抜く、ということはでき

ない。なかなかできないんだ。こういう私でも。痛い目に遭《あ》わないと、人間は学習しない。これは理屈（理論）ではない。ヒドい目に遭って、初めて知る。

だから、何だかヘンだなあ、と思って、注意せよ、警戒せよ、立ち止まりなさい。待てよ、と思って引き返しなさい、だ。簡単に話に乗ってはいけない。自分のすぐ身近の人から疑わないといけない。親子の関係だけは大丈夫だ。だが、兄弟、親戚から先は、もう分からない。考え直しなさい。ためらいなさい。これが大事なことだ。

それでも若い人たちは、どうせいろいろと欺《あざむ》かれる。というか、すぐ身近の人間関係でダマされる。早い話が、恋愛関係とか、恋人同士とか、愛し合っている男女とか。ここからすでに、悲劇は始まっている。男と女のダマし合いから、が、人生の始まりだ。それに比べたら、仲の良い友だち付き合い、友人関係は、だいたい大丈夫だ。でも友人関係が一緒にビジネスをやって、お金がからんだら、もう騙し合いが始まる。あまりお金に縁《えん》のない人たちで、毎月の給料はほとんど、いやすべて

生活費で消えてゆく、というサラリーマンであれば、もともとダマし取られるほどの大きなお金はない。それならそれが幸せだ、と思うべきなのだろう。

それでも友人との貸し借りで数十万円の損、というのは、よくあることだ。私はこれまでの30年間で、10人ぐらいの人に、貸してあげたお金が戻って来なかった。最初から差し上げたお金だ、と思って諦《あきら》めるしかない。

世間《せけん》で有名になると、近づいてくる悪い人たちが出てくる。その人を利用して自分が得《とく》をしようと考える人たちが出てくる。私も評論家、作家ですから、本が売れたときには、いろいろ新しい出版社やメディアの人たちが近づいてきた。30代、40代、50代に、そういうことがあった。そうやって自分のお客さん（読者）も増えていったわけだから。私はたいていの人には会う。出版業界で、もう30年以上の経験を積んでいるから。この業界のことだったらたいてい知っている。本の書き方、作り方から何から。

政治家や企業家たちも近づいてきた。本当に恐ろしいことを考えている人たちと近づきになった。このことはこの本では書かない。

ここで気づくべき大事なことは。人間は自分自身が、人にダマされた。だから、人をダマすのだ、という大きな法則がある。生まれたときから、初めから悪人という人は、この世にいない。悪人になっていくのだ。これが大事なことだ。人をダマすのは、自分が何回も人にダマされてきたからだ。そういう人が多い。

「悪《あく》」とは何かを書くのは難しい。スタンダールの『赤と黒』という小説があるが、赤はお坊さま（僧侶）で、黒は軍人だった。この二つの世界にも、それぞれ悪があった。悪人とは何者かと問《と》うたら、人間はだんだんと悪になっていくのだ。歳をとって、いくつものヒドい目に遭って、イヤな経験をたくさんして、そして汚れていくのだ。ただし、人間はもともと善《ぜん》だった、というわけでもない。

善か、悪かの問題は、簡単には分からない。私も、「先生は性悪説でなかったか

ら、世の中を信用し過ぎたから、戸締りをしっかりしなかったから、だから泥棒されたんだ」と言われた。人間は、そもそも善か悪かどうかという議論は、ある。それは、キリスト教神学の中にある。「神は完全に善である。神はすべての善の源であるはずだ。それなのに、なぜその神が創ったはずの、この世界に、悪が生まれたのか」という議論をする。

それに対しては、ニーチェのツァラトゥストラの思想みたいに、初めから善悪二元論でやっていれば、何の矛盾もないのだそうだ。「善悪二元論」なら、最初から悪がいるから。それで、悪との闘いで善を勝たせよう、という道筋になる。

キリスト教の世界にはもともとは悪はないのだそうだ。それなのに悪が出てきてしまう。なんでだ、といったら、それは証明できないのだ。このことで多くの神学者（スコラ哲学者）たちが死ぬほど苦しんだんだって。バカみたい。それでも、悪はどこかから滲《し》み出してくる。はみ出してくる。そこまでは神様は考えなかったんだとか、もう今から考えればくだらないことをいっぱい、13世紀、14世紀のヨー

ロッパで頭のいい人たち（キリスト教のお坊さまたち）が真剣に議論した。

本を書いているときに、私は「こいつは悪人だ」とか、「ワルだ」と、平気で使います。そのように権力者や政権《せいけん》政治家のことを書かないと、分かりやすく本を書けないからだ。それじゃ、人を悪《あく》、ワルと決めつけるお前は善なのか、というリアクションが来る。お前自身は善なのか、と。このことはもう覚悟の上だ。生活次元では、人間がそんなにきれいな生き物であるわけがない。大人になれば分かることだ、そんなことは。

金儲けの秘訣には裏側がある

金儲けができるためには秘密がある。このことは経営者ならみんな知っていることらしい。やはり金儲けをする世界には、裏側がある。きれい事ではすまない。商

売人、実業家、経営者の「凍りつくような浮世《うきよ》＝憂き世《うきよ》の裏で」ということを、経営者および自営業者はみんな知っている。大人になると、社会人になったら、このことをだんだん、少しずつ学んでいくのだけれど。若者というのは幼稚だ。若者は馬鹿なのだ。若いから馬鹿なのだ、というのは言ってもいいことだ。人生経験が少なくて、痛い目に遭っていないから、そのぶん知恵が足りない。だから馬鹿なのだ。私もそうだった。そのために痛い思いを何十度かした。

若い頃は、世の中の危険なことから自分を守る、ということも、まだよく分からない。人生経験がないぶんだけ、失敗していっぱい苦労する。いっぱい苦労して、若いうちに痛い目に遭え、と私は言う。私も学生時代、「消防署のほうから来ました」とか言って、1本1万円の消火器を買わされたりした。

あと私の失敗じゃないけど、英会話の30万円のテープのセットだとか。他にも、私の学生時代でも、女子学生相手にエステの30万円コースとか、いっぱいダマされた友人たちがいた。それは大事なことだ。そのぐらいの損で済んだからいいのだ。

若い人は痛い目に遭う経験を積むべきだ。ヒドい目に遭え、痛い目に遭え、と。ただし、致命的な傷を負ってはいけませんよ。

それで、金儲けの秘訣には裏側がある、という話ですが、昔から政治家に金を渡して、特別に役所から許認可の権利をもらう、ということがある。裏から政治家に手を回して自分の会社には税務署が入らないようにしてもらう、とか。こんなことは、ごく普通のことだ。みんなやってきた。今もやっている。それが、ワルいやつらだ。それが一般庶民ではない、ということだ。

西武の創業者の堤康次郎《つつみやすじろう》（1889－1964）は、〝ピストル堤〟と言われていた。今の東急グループの五島慶太《ごとうけいた》（1882－1959）との、〝箱根山の戦い〟というんだけど、それを戦後の、箱根の大開発でやった。堤が経営している東京の通勤線の西武線というのは、戦後でも糞尿を運んでいた。私は本を読んで知った。池袋の駅で〝黄金列車〟と呼ばれていた。ものすごく臭かったんだって。1960年

50年前の元気な時代だった

堤康次郎
(1889-1964)

五島慶太
(1882-1959)

西武 対《たい》 小田急の箱根の観光開発を巡って争った闘いは「〝ピストル堤〟と〝強盗慶太〟の箱根山の戦い」(1950-68) と呼ばれた。西武グループ創業者、堤康次郎《つつみやすじろう》と、安藤楢六《ならろく》の小田急グループ、そして後者を応援した東急グループ、五島慶太《ごとうけいた》が訴訟合戦を含む血みどろの闘いを繰り広げた。日本が元気《げんき》(高度成長) に向かって突き進んだ時代の象徴のひとつだ。本当は、これらの「鉄道 ＋《プラス》 不動産王」たちは、駐留アメリカ軍の女衒《ぜげん》、御用《ごよう》聞きとして成り上がった。あと一人、国際興行グループ・富士屋ホテルの小佐野賢治《おさのけんじ》がいる。

代までだろう。それでみんなに感謝されたのだ。戦後もずっと、それで練馬の大根とか作っていたらしい。さすがに練馬の大根は江戸時代か。

堤康次郎は敗戦後、衆議院議長だった。彼はアメリカの言うことをよく聞いた。米軍（占領軍）のPX《ピーエックス》（Post Exchange 米軍基地内の売店、酒保）の出入り業者（御用達《ごようたし》）になって、アメリカ軍とずっと深くつながって、それで新興《しんこう》財閥になっていった。日本国中の山地（リゾート地になった）に、ゴルフ場とスキー場を作った。それが観光地だ。堤康次郎は、じつは裏側で、敗戦後に大暴落して紙切れになった戦時国債——券面に大砲と戦車が載っていた——を金持ちたちから買い集めてかき集めた。米軍が、その表面の値段《フェイス・ヴァリュー》のまま、特別に買い取ってくれた。すでに昭和21年（1946）の夏から「預金封鎖、新円切り替え」で、ハイパーインフレが日本社会を襲っていた。それなのに、ぼろくず債になっていた戦時国債を米軍が、特別に受け取った。大蔵省（今の財務省）もこのことを知っていてグルだった。堤康次郎と、五島慶太と、小佐野賢治（1917－1986）の3人だけは特別扱い

だった。

進駐軍（占領軍）は、戦前の旧華族様が持っていたお屋敷を、ほとんど接収していた。米軍の幹部たちが、旧男爵系のお嬢様とか、戦争で軍人だった旦那が死んでしまった立派な奥様たちを愛人にした。占領時代、一般兵士でない将軍《ジェネラル》や将校《オフィサー》たちはそういうお屋敷で生活していた。これらのお屋敷が、そのまんま今のプリンスホテル、全国の東急ホテル、富士屋ホテルになっていったのだ。分かります？　彼らだけ特権的に許された。だから、戦後財閥というのは、米軍とつながったから出来た。もっと上の日本の、明治時代からの五大財閥はちゃんといますけどね。そういうことなのよ。

人間を本物にするのは経験の量のみ

ある時期に、集中的に一気に巨大な富の蓄積をやった人たちがいる。どこの国に

もいるだろう。ドサクサに紛《まぎ》れて、これをやる。「資本の原始的《げんしてき》蓄積」と言うのだが、ものすごいんですよ。麻生太郎（1940－　）は、吉田茂の娘（和子）と結婚した麻生太賀吉《たかきち》（1911－1980）の息子です。麻生太賀吉は身体がすごく丈夫で、自分自身が探鉱夫から這い上がって、九州の炭鉱王になった人物だ。戦前、戦後の大きな炭鉱会社、石炭会社になった。それはそれで偉いことなんだけど。日本の国家政策、国策《こくさく》にしたがって、戦争時代は翼賛《よくさん》勢力になって、戦後は朝鮮戦争特需《とくじゅ》で大きくなった。戦争というのは、それ自体がじつは大きなビジネスだ。人間はたくさん死ぬけれど。戦争とは公共破壊事業だ。

だから、今は麻生セメントというんだけど。私はあの辺、九州の筑豊の田川郡《ぐん》で生まれた。遠賀川《おんががわ》の流域の炭鉱町で生まれた。赤ちゃんだったから、周囲の環境は何も覚えていない。親父が、九州大学の医学部の命令で、派遣で診療所勤務の医者だった。当時は、石炭のことを〝黒いダイヤモンド〟といった。すごかったんだってね、戦後の5年、10年、15年間は。でも1960年のエネルギー革命の年まで

九州の炭鉱王の物語

麻生太賀吉（左）と吉田茂
（1955年、於さいたま市九霞園）

その子、麻生太郎
（1973年）

曾祖父・麻生太吉

戦前のエネルギー（源）は石炭で、戦争中たくさんの朝鮮人（強制）徴用工を連れて来て使った。1960年を境にアメリカが命令してバサッと石油に変えた。サウジからタンカーで輸入を始めた。これを「エネルギー革命」と言うのだ。ということを日本国民は知らない。自覚がない。

だ。この1960年を境に、日本は石炭から石油に、エネルギーを大きく舵《かじ》を切った。エネルギー転換した。私は1953年（敗戦後8年目）の生まれだ。だから、石炭産業の炭鉱の町は、ものすごい景気で湧いていたらしい。炭鉱夫の連中が札びら切っていたというから。

　私の親父は、残っている写真を見ると、ハーレーダビッドソンに乗って、ライカのカメラを持っていた。医者の先生って、偉かったんじゃないの。私が生まれたとき、父親はたったの30歳だ。ひとり前の医者として、果たしてどれほどの技術を身につけていたか知らない。ただの青二才の医者だったろう。戦争でたくさん人が死んで、日本の大都市（私は福岡市で育った）も大空襲で丸焼けになった。私が生まれたのは、終（敗）戦後8年目だ。この時代は、まだ、土管《ドカン》とか、洞窟とか、バラックのあばら家に住んでいた人たちがいた。私の目に、それらの光景が焼きついている。日本は貧乏だった。もう戦争がなくて、人が死ななくて済む平和の有難みが、あたり一面にただよっていた。

父親は医者として、切った貼ったを適当にやっていたみたいだ。大酒飲みだった。そういう人たちが周りにたくさんいた時代だ。どんな職業も、本当の本当は、トレーニング・オン・ザ・ジョブで、実地に現場に入ってから、見様見真似《みようみまね》で、先輩のすることを見ながら、叱《しか》られながら、自分自身で経験を積んで技《わざ》を身につけるものだ。どんな職業も、学校（大学）で習ったことなんか、何の役にも立たない。

私は、親父が、「いいか、隆彦。医者はな、100人を（手術で失敗して）殺さないと、一人前にはなれないんだ」と、バカなことを言っていたのを覚えている。

そのあと、父は今度は、対馬へ同じく派遣で行かされた。そこで妹が生まれている。私の人生の最初の記憶はその対馬だ。海を見ている記憶だ。4歳のときだったようだ。海が見える家の庭で、夏、私は盥《たらい》で水浴びしているんですね。その盥に、漁師が釣って持って来てくれた魚も生きたまま入れて、そこで私も一緒になって浸かっているんですね。鯛《たい》とかを手で抱えていた。庭の先には海が見えました。親父は対馬の診療所にも九州大学からの派遣で行っていた。

その頃、対馬の漁民はダイナマイトで漁をしていたんだって。バーンって海面にダイナイマイトを投げて爆発させたら、あたりの一面がショックで魚が上へあがってきて、それを網で拾うんだって。そうしたら、ときどき漁師がダイナマイトの取扱いに失敗して、自分の手を吹き飛ばすやつがいて、血だらけで診療所に担ぎ込まれてくるんだ。それをゴリゴリ鋸《のこ》で、骨を切断するために挽《ひ》いていたんだって、夫婦で。「お父さんはね、嫌がっていたよ」と、お袋が言っていました。「私は何ともなかったよ」とか言ってた。女のほうが強いのかな。

私はそういうことを聞いて知っているからさ、何と言うか、医者もへったくれもない。トレーニング・オン・ザ・ジョブだから。医者が人間の体について本当に何かを知っているというのは嘘で、唯一分かっているのは経験の量。私が唯一、人間を褒《ほ》めるのは、その人が自分の職業で積んだ経験の量。実際、その職業でこの人は、10年、20年、30年の経験を積んでいる。私は、その人が専門家として言うことを信じる。これは大事なことですよ。信じられるのは、その人の経験の量だけです

ね、人間を本物にするのは。どんな職業（職種）でも最低10年の経験がある人に聞く。それには頭を下げる。

私が前に住んでいた家の近所で、そこらへんから空き缶を集めてきて、それらの空き缶や鉢《はち》で花をきれいに咲かす婆さんがいた。この婆さんは偉いんです。何が偉いか、絶対、花たちを甘やかさないんだ。花と気持ちが通じているから。花を咲かすのに必要なことだけしてやる。自分でがんばって努力して、あとは自分の力で咲け、と。このお婆さんは本当にパーッときれいに咲かせる。いろんな花がきれいに咲いている。その人の家の庭やら家の周り一面に。この能力。花（植物）の気持ちが、本当によく分かっている。気持ちが植物と通じている。この才能は、これはもって生まれたものだ。

これと同じように、競馬の馬を調教する人たちがいる。昔、農家で自分の馬を飼っていた人たちもそうだった。耕耘機《こううんき》が入る前だ。馬は、近寄ると恐《こわ》い。いきなり蹴《け》とばされる。しかしこの馬たちを反対に蹴とばす人たちがいる。自分の言うこ

とを聞かないと、馬の鼻面をぶんなぐる人たちがいて、馬のほうが恐がる、馬は「この人にはかなわない」と、今度はその人の言うことを聞く。素人さんが不用意に寄っていったら、蹴とばされますからね。怪我するじゃすまないですよ。死ぬかもしれない。馬に舐《な》められますからね。だから、馬の専門家でもそうですが、どんな業界でも、その業界で十分経験を積んだ人はすごいのだ。そのすごさにだけは頭を下げないといけない。

トラックの運転手たちはトラックのことなら何でも知っている。長年の経験で。どこが調子が悪いとか、どこが壊れそうだとか。早めに修理工場に持ってゆくから、自動車修理工のほうが、もっと専門家なのだろうけど。

麻生太賀吉、麻生セメントの話に戻すが、今、セメントがそんなに売れるわけない。日本のセメントは世界一安い値段だ。日本のセメントなんかで、生コン屋とかが食べられる（お金になる）はずがない。

セメントだけは、鉱物資源で、日本は、唯一、自給できる国だ。これだけは100パーセントの自給だ。日本列島そのものが石灰石（セメント）で出来ている、と言っていいぐらいだ。日本は、ユーラシア大陸の縁《へり》で、この火山列島が何億年かで珊瑚礁になって、その上に日本がある。セメント（石灰石）だけは豊富に出るから、だから世界一値段も安い。それとガラス（珪素）かな。この二つだけは、日本は原材料に困らない。だから、100階建て（高さ400メートル）のビルを1万本とか作ればいいのだ。しかし、地震大国だから、これができない。

セメント業で利益は出ない。それでは麻生財閥は何で儲かっているのか。麻生太郎は、全国の青年（商工）会議所、商工会議所を握っている。本当は、今は、産廃《さんぱい》業者、産業廃棄物の業界を握っている、それで、儲けを出しているのだ。全国すべての市、町村に産廃業者がいる。それと、汚水処理（今は水資源再生業）の業界に強い。都市生活にとって上下水道は重要な公共施設だ。今は、ゴミや汚物が一番、カネになるのだ。これまでずっと穢《きたな》いものだったものが一番、カネになる。世に連

れ、時代に連れ、で、こうやって人間は生き延びてゆく。

ある時代の、ある時期に、巨万の富を築いた人たちに注目しないといけない。目立たないようにしているけれど、ある特殊な動きをして、国策会社とかの形で、ものすごい勢いで一気に巨大な富の蓄積をやった人たちがいる。この人たちが恐ろしい人たちだという話だ。たとえば、戦前の右翼の代表のひとり、頭山満《とうやまみつる》（1855－1944）は、筑豊炭鉱で富を築いた。鉄（製鉄業）と石炭が、国の近代化の中心だった。そうやって頭山満も、清廉潔白な愛国者のように言われているけれども、たくさん悪いこともしている。

大陸浪人たちをたくさん朝鮮や中国、満州に送り込んだ。戦争が始まる前から軍事用の破壊工作員（現地 諜報《ちょうほう》者）として彼らは動いた。朝鮮人をいっぱい捕らえてきて労務者として連れてきて、強制徴用してきて、炭鉱で酷使した。朝鮮、韓国の人たちは、このことを今も言っているのだ。うちのお袋なんか、それを目撃している。「本当にかわいそうだった」と言っていた。奴隷としてこき使っている。だか

ら、頭山満とかを甘い目で見てはいけない。立派な右翼で、この黒龍会《こくりゅうかい》系の人たちは、敗戦後もアメリカの言うことに逆らった。大《おお》アジア主義者（アジア人どうしで戦争をしてはいけない）だ。だから、本当の右翼だとか言われているが。なにごともそんな甘いもんじゃないんだ。

第３章

人間関係でダマされた

あなたが相手を嫌いだと、相手もあなたを嫌っている

30代、40代のサラリーマン向けに言うべきことで、大事なのは。自分の上司にヘンなやつが付いたときだ。このときの地獄、という問題だ。これは本当に大変なことだ。大企業ほど、と言うべきだろう。大組織ほど、人間関係で、会社員（サラリーマン）人生の、エネルギーの8割をすり潰《つぶ》す、と言われている。大企業では職場の人間関係がすべてだ。仕事なんかほとんどしていないっていうんですよ、大企業の管理職になると。組織の中が何百人、何千人ですから。トヨタなんかグループを入れると、35万人ぐらいでしょう。

そうなると、組織そのものが、巨大な「人間（性）すり潰し機械」みたいになっている。私は、横から、その姿をちらっと見るだけで分かる。

私は20代に、5年だけサラリーマン（銀行員）をやったから、組織の人間関係の

キツさを知っている。私は、サラリーマンは自分には向かない、と分かった。なんとか、それ以外の自分の能力だけで生きてゆける世界はないだろうか、と考えた。29歳で脱サラして、株式投資だけで生活費を稼げないか、とやってみたことがある。一年でダメだった。株（の利益、儲け）なんかで食べてゆけるわけない、と思って、やめた。この20代が私にとっては一番キツかった。

みんな自分の職業に誇《ほこ》りを持っている。与えられた仕事だけはなんとかこなさなければいけない。激しい、厳しい職場環境で、本当に仕事はきつい。そつなくやり遂げないと、どこかに迷惑がかかる仕組みになっている。本当はこれなのだと思う。周りに迷惑がかかるようになっている。自分がしっかりしないと全体が動かなくなってトラブルになる。だから、馬車馬みたいに働く。ということなのだ。残業どころか家に持って帰って仕事をする。

問題になる、トラブルになる、というのを徹底的に避けなければいけません。その上で、専門職でない人々の場合は、人生エネルギーの8割を会社、組織の人間関

係ですり潰《つぶ》している。

たった100人ぐらいの中小企業でもすごい。社員10人ぐらいだと、それは親族、血縁関係だったりして問題でない。他人どうし、知らないどうしが雇われてきて集まっているわけではない組織は楽だ。だけどその場合は、今度は「骨肉の争い」というのが起きる。企業経営者の一族は、相続争い（創業者の遺産分け）になったときに激しい争い（裁判）をする。このことも世の倣《なら》いだ。

従業員が100人を越すと、人間関係、上下関係が、大変だ。イヤな上司の下に付いたら、本当に、だいたい禿《は》げるという。心労がたたって。最後は激しい憎しみになって、どんなに真面目な人でも、怒鳴り合いのケンカになるようだ。

私もね、銀行員になって、銀行の人間関係というのがあった。私は、人付き合いが下手くそだ。自分が気の合う人とは仲良く楽しくできるけど。嫌われたら、もうどうしようもない。嫌われることが多かった。たったひとり分の人生だけど、ひとり分の経験はした。勘《かん》が鋭いからいろいろなことに気づく。気づくのだけれども、

自分のこととなると、何も分からない。人のことを観察しているだけなのだが。被《ひ》害妄想《がいもうそう》（パーセキューション・マニアック）になる。自分の身振り素振りのおかしさについて、ほとんど自覚がなかった。常識人たちからはきっと、変なやつに見えたでしょう。それでも、この私でも5年はサラリーマンをやりましたからね。それなりにサラリーマン生活は知っている。そのあとは、先生業《ぎょう》をずっとやっていた。先生（教師）商売をやりながら、物書き、原稿書き、売文《ばいぶん》業者になろうとして、必死で書いていた。

社内における人間関係で、上司に嫌われたらどんなにキツいか。私のわずかの体験からでも、周りを見ていて思う。

生き方上手という言葉がある。私は生き方上手は大嫌いなんですよ。いまでも。生き方が下手のほうがいい、と思っている。それでも、生き方上手で上手に生きている人は、立派ですから、それはそれでいいんですけどね。でも、あいつら、

ちょっとつまんないやつだったなあと、いまでも思い出す。

やっぱり、20代、30代は苦労したほうがいい。人間関係の苦労というのはね、買ってでもせよとは言わないけど。会社の社内における人間関係というのは厳しいものだ。ヘンなやつが上司とか部長になったら、イジめられて苦労する。でも自分がヘンなやつだったら。向こうから見たら、そう見えるだろう。しかし、組織は、あんまりヒドい人間は、上には置かない。幹部社員にまでなる人間は、そりゃあ、まず、売上げ（利益を出すこと）が何よりだから。悪いやつで、「契約を取って来い」とか、「もっと売れ」と怒鳴るだろう。だが、人格障害（適応障害）のある人間を上には置かない。

考えてみたら、私は軽い適応障害の人間だ。私自身が欠陥人間だ。ずっとそうだった。きつい苦しい人生だった。ずっと悩んで苦しんでいた。でも精神病者というほどではないのだろう。この歳になってようやく自分という人間が外側から見えるようになった。

まあ、それでも何とかみなさん、よく生き延びていますね。それができなきゃ、メンヘラになりますからね。これが何という日本語か、よく分からない。「メンタル・ヘルスのケア（に問題あり）」からできたヘンな言葉なんでしょうね。いまも、そういう状態で、社内で隔離されて、厳しい人生環境の人たちもいる。まあ、本人のせいもありますからね。周りが助けられないということもある。会社としては、とにかく辞めてもらいたい、追い出したいんですけどね。

私のよく知っている人の御主人が、なにか、仕事ができない、という社内での低い評価になっているらしい。いじめに遭っているのだ。社内のいじめの問題は深刻だ。子どもの、学校教育の中におけるいじめ、とは違うけど、大きく言えば同じことなんですね、じつは。政治家たちや、権力者同士の内部にもいじめはあるからね。どんな組織にもイジメはある。落ちこぼれるやつは落ちこぼれますからね。もういやになった、と、そこから逃げていく人もいるし。何とか逃げることができ

て、出世コースから外れてしまったほうが楽だ、ということもある。飼い殺しのサラリーマン人生30年。65歳定年まで大卒で43年みたいな人がいる。

いま、サラリーマンだった人が年金生活に入ると。たしか65歳の満期で、30年勤続で年金は手取りで23万円ぐらいだ。民間企業の場合は、厚生《こうせい》年金と言う。公務員は共済《きょうさい》年金といった。こういうことも案外、みんな知らない。でも、民間なら「厚生」で、公務員の場合は、なぜ「共済（お互いの助け合い）」と言うんだよ、の疑問には誰も答えてくれない。世の中には、訳《わけ》も分からないで、みんなで分かったふりをして使っているコトバがたくさんある。それをテレビのクイズ番組とかバラエティ番組で、コトバの語源《エティモロジー》の謎解きとかをやってくれる。「あー、そうなんだ。なるほどね」と国民教育をやっている。

前2者の他に、国民年金というのは、会社員を途中で外れた人とか、働いていても正社員だったことが一度もない人とか、最初から農業やっていました、というか

ね。いわゆる法人（株式会社）に勤めたことがない人は、国民年金です。そうすると国民年金はひとり手取り6万5千円とかがもらえる。で、夫婦で13万円でしょ。そんなもんですよ。それに対して大卒で35年ぐらい勤務してもらう年金の金額は、23万円ぐらい。で、奥さんの分が6万5千円だからね。第3号《ごう》被保険者っていうのかな、専業主婦の場合。合わせて30万円だ。それだけあると、もう家の住宅ローンがなければ。もう一つ、子どもの教育費（授業料）がなければ、なんとか生きていける。

ただし、カツカツのキツキツの人生だと思いますけどね。日本の、この25年間の不況、経済停滞《けいざいていたい》はヒドいことなんだよ。世界基準から見てもヒドい。世界中から、「日本の経済は失敗している」と見られている。それなのに日本国民はこのことを自覚しない。大きく騙され（洗脳され）ているのだ。

人生エネルギーの8割を人間関係で消耗する。ここをどう生き延びるか、という

のは大事なことですね。人間の憎しみ合いというのは、本当に生身の直接的なものである。感情がむき出しになって。双方が我慢に我慢を重ねますからね。あまり表に出さないようにするんだけど、やっぱりお互い激しく嫌い合うんだ。ケンカしているドラ猫どうしのようなもので、本気ですからね。どっちも本気です。そうすると、ここに大事な法則があって、「自分が相手のことを10嫌いだと、向こうも同じように10嫌いだ」なんですよ。ここで、自分のほうが高みに立って、余裕をもって

「かわいそうなやつだな」と相手を無視することなどできない。そのようにできている。

「お前なんか相手にしないよ」という日本語がありますね。目下の人に対しては、それで通用するんだけど。同格および上になると、お前なんか相手にしないよって言ったって、そういうわけにいかないんだ。切羽つまっていますからね。むき出しの憎しみ合い、嫌い合いになる。私が勤めていた私立大学の学長と私が、これでした。お互いもう大嫌いなんだ。「こいつ。どうして私の言うことを聞かないんだ」

と、一応、学長だから、私を権限で抑えつけようとした。

私もこの性格だから、言うことを聞かない。人間が嫌い合うときの心理っていうのは、こっち側が10嫌いだったら、向こうもまったく同じ10嫌いなんですよ。手加減なしなんです。5嫌いにまで減らせば、向こうの憎しみも5減るかもしれない。そうすると、知恵としては、それを減らしたほうがいいわけだ。そこで生き延びる知恵で、下手《したて》に出て、相手をこっちに取り込んで、裏技を使って、憎しみを半減させる、という技はあると思う。一所懸命謝ってみたり、相手の言うことを平身低頭してことさら聞くという知恵もある。そういう知恵がない人は生き延びるのは厳しい。だが、この手はなかなかできるものではない。

「負けるが勝ち」というコトバがある。なるべく人間関係のトラブルを避けて上手に生きるには、10歳の小学生でも分かる「負けるが勝ち」が、賢い人生の知恵だ。これが5歳の幼稚園児だったら、「あなたはバカだ、というあなたがバカなんだよ」というコトバがある。幼稚園の先生（短大の保育科卒業）は、こう言って教えて、

ケンカして泣いている子どもたちを引き離して、宥《なだ》めるはずなのだ。
この歳まで生きてきて思うが、人間5歳の幼児のときから、たいして成長しないのではないか。成長とか成熟というのが本当に有るんだろうか、とつくづく思う。私はたいして成長していない。つくづくケンカ（争い）ばっかりの人生だった。傷だらけの人生だ。

最初から争いを避ける、という生き方が身についている人がいる。悪口で言えば、最初から飼いならされた、へこへこ人生みたいな人たちだ。そういう人がたくさんいるんですよ。そのほうが楽だからね。人と絶対に喧嘩しない、ぶつからない、という生き方を貫く人たちっているんですよ。もっと悪いのはね、自分は必ず管理する側につくと決めているやつね。自分はいつも管理者側にいたいわけですよ。反抗する人たちのグループには絶対、行かない、入らない、という生き方だ。それはそれで、その人の人生だから。なぜなら、損はしたくない。冷や飯を食いた

くない。この問題は本当に深刻な問題で、子どものケンカでは済まない。

あまり政治の話はしたくないけど、ソビエト体制の頃のロシアの国はね。官僚《ビューロ》主義《クラシー》というのがものすごくてね。政治警察や秘密警察みたいなやつらがたくさんいた。労働者たちは監視されていた。それに反抗して言いたいこと言って、「この野郎、こんな政治体制はもう俺はいやだ」と喚《わめ》いた人たちは、収容所へ入れられた。そういう人たちがたくさんいたようだ。あるいは社会の規格外《がい》、規格外《はず》れみたいな人間として、どんどん悪い立場に追いやられたでしょう。でもそれが人類の歴史だからね、どこの国でも、じつは。

アメリカも本当は、ソビエト体制とあんまり変わらないのだ、本当は。やっぱりね、政治の話はするな、と。大きな組織ほどね、政治の話はしてはいけない。自由の国だ、デモクラシーだ、とか言うけどね。そんなことはない。やっぱり日本と同じで組織内で摩滅させられるぐらい、上《うえ》の言うことを聞けという組織になっているんだ。そこは変わらないだけでなく、日本よりももっと厳しいだろう。ただ、アメ

リカの場合、相手が上司や社長でも、もう我慢しない、と怒り出したら、「ファック・ユー」と中指を立てて言う。そうしたら「お前、明日からもう出て来なくていい」と言われる。

即日退職、というかクビになる人がたくさんいる。直接の上司、あるいはもう一つ上から、「ちょっと昼ご飯を食べにいきましょう」と言われて、「もう君を、わが社は要らない」と言う。ニッコリ笑いながら。本当に簡単にクビを切りますね。労働者ではない、管理者の場合。

これが日本だと、日本の社会はまだ簡単にクビを切れない社会だ、ということになっている。でも、これもやがて、もう分からない。人間そのものが流動化しているから。竹中平蔵《たけなかへいぞう》という悪い男がいてね、総務大臣もした。この男が、「人間はどんどん流動化すればいい。自由に流動化すればいい」と言った。「人間には失業する自由がある」みたいなことも言った。クビになる自由だ。失業したら、その人は次の新しい人生を考えることができると言った。企業は、自分の企業に向かない人

間はどんどんクビにしてもいいんだ、という考え方を推進した最大の男が竹中平蔵です。２０１８年6月の「働き方改革」やら「高度プロフェッショナル制度」なども竹中が背後にいて法律にした。

ヨーロッパもそうなりつつある。ドイツとフランス、イギリスも会社側（経営側）が要らない人間をなるべくクビを切れる体制のほうに移行しましょうと、政府がなっている。ヨーロッパの労働者たちは、とくに公務員たちは、「週35時間労働」という恐るべき自由を謳歌《おうか》していた。今は週45時間になりつつある。日本の労働政策もそうなっている。

だから、ここは厳しいところだ。まあ、自分だけは上手に生きたほうがいい。なるべくトラブルを起こさないで、組織の中で、ひどい目に遭わないで、生き延びたほうが賢い。これは当たり前のことなんだ。それでも案外こういうことはどんな本にも書かれていないし、どんな言論人も言わない（書かない）ことになっている。

ただし、「自分はどうも世の中の枠から外れがちだな」と思う人は、どうしたらいいか。いまここで私は、「それなら、こうしなさい」という、ハウツー本のノウハウは言いません。言えません。人それぞれだから、自分でもがいて、対策を立てて生きてゆくしかない。

ただ、言えることは、まず自覚することですね。自分が置かれた立場を、厳しく自覚するべきだ。45歳ぐらいになると、どうせ肩たたきというか、会社から追い出される構造が始まるんですよ。なぜなら、ピラミッド構造で、上の管理職の人はたくさんは要らないですからね。大組織では40歳を越すと始まります。肩たたきというか、退職勧奨というか、どこかもっと自分の向いている企業に移ったら、という動きが出てくる。45歳と決めつけたほうがいいかな。起きるんですよ、どうしても。

いいことは悪いこと、悪いことはいいこと、だ

会社にとって必要でないと思われた人にとっては、厳しい状況に入る。だから、その前から準備すべきだ。「どうも自分は、ずっとはここには居《い》れなそうだなあ」と気づいたら、転職を考えなければいけない。ここで、踏んばって、梃子《てこ》でも動かない、みたいに考えないほうがいい。幸運にも自分がピタリと向いている組織に入って、その組織の中で言われた通りに動いて、忠実に動いてさえいれば、いつまでも雇ってもらえる、と思い込んでいる。もうそういう時代は終わっている。いつまでも飼い殺しにしてはもらえないのだ。

それでも最近は、日本も「転職、当たり前」みたいになってきた。ヨーロッパ、アメリカでは、案外知られていないんだけど、朝から晩まで、自分の履歴書を、あ

ちこちの企業に送りまくっている。履歴書のことをカリキュラム・ヴァイタイ（curriculum vitae）と言うんだけど。もう一つの分かりやすい言い方ではパーソナル・ヒストリーと言う。若いサラリーマンたちは、いつも履歴書を持って歩いてる、というかね、送り付ける。

ものすごい数で。毎日のように、あっちこっちに。いまは採用する側はインターネットで受け付ける。ネットのアプリケーション・フォームに自分の履歴を書いて、どんどん送って、そしてジョブ・インタヴュー（就職面接）を受ける。そうやって、できる限り2、3年で、次から次にどんどん企業を転職していく（ジョブ・ホッピング）。2年か3年で転職していくのが当たり前だ。人間（個人）の自由という考え方だ。そこにあるのは、自分には能力があるという自信と、次に勤める企業に必要とされていることだ。それが前提になっているわけだから。

それじゃ、もともと能力のない人たちはどうするんだよっという、厳しい問題がある。アメリカ社会は本当は、落ちこぼれ社会なんですよ。いい思いをできる人た

ちがどんどん出世して、いい暮らしができているという勝利者の物語ばっかり、アメリカの映画やドラマはやる。あれがよくない。本当によくない。アメリカ（ハリウッド）映画のウソっぱちが、よく現れている。本当はものすごい数量のルーザー（敗北者）たちがいる。その敗北者たちのことは描かれない。映画やテレビドラマに出てこない。みんなで無視するのだ。それがおかしい。競争の敗者のことは、痛みというか、嫌なことだから、表に出さないことにして、アメリカ社会は成り立っている。ルーザーたち、敗北者たちに光が当たっていない。アメリカ社会の嫌なところだ。それはすぐに人種問題とかの差別問題になって、代替されて、消されてしまうのだ。

日本の場合、欧米白人たちの脳（頭）を本当は支配している、弱肉強食の、社会《ソシアル》ダーウィン主義の考えが、避けられて敬遠されてきた。だから、まだ少しは穏やかな社会だ。アメリカに戦争で負けたことの、敗者（ルーザー）の痛みを今も、皆が

引きずっているから、ということもある。日本は個人の能力差、というのをあまり認めない社会としてやってきた。学歴ぐらいのものですね。いい大学を出てるか、あるいは、丸い穏やかな性格をしているか、程度だ。それ以上の個人能力の差を認めない社会だった。もうそういうわけに行かなくなっているから、能力給。社員のひとりひとりの売上高で、人間をどんどん選別していく社会になってしまった。これに対応しなければいけない。だから、今では現象として、大企業は若い人に敬遠されて嫌われる傾向がある。大企業に勤めたから、だから幸運だ（フォーチュネット）ということがなくなってきた。

それでね、私がここまでこの本を書いてきて、ずっと信念にしている大事な原理のようなものがある。それは「**いいことは悪いことだ。悪いことはいいことだ**」というヘンな言葉である。これは、「良いことが悪いことで、悪いことのほうが良いことだ」と、「は」を「が」に入れ替えてみてもよい。これは私がかなり昔（20年

ぐらい前）から大事にしているクリード（creed 信念）というか、モットーというか、マキシム（格言）でもいいのだが、このコトバを私は大事にしている。

「いいことは悪いことで、悪いことはいいこと」というのは。たとえば、大企業に入社できて、ああよかった、よかったと思って、言われた通りにずっと働いてて、45歳になりました、と。そうしたらね、どんな大企業でも経営が大変なことになって、自分の生活の安定が危うくなる、ということだ。「寄らば大樹の陰《かげ》」で、大企業なら安心だ、と思っていたら、そんなことはなかった、ということだ。自分がやってきた仕事はずっと総務畑《ばたけ》で、総務の仕事で、人事管理とか、社内にお荷物人間になっている人たちをずっと追っかけ回すとか、いろいろなトラブルに対応する係りとか。苦情処理係りだ。お客様相談係りとか。

そういうのしかできない人たちがいるんですよ。それ以外にノウハウがない。技術力がない、本人に。人間関係の処理のしかただけはうまいんだけど。いざ、はっと気づいたときに、自分自身に何も生産性《プロダクティヴィティ》がない。何かを作って売って利益を

出す、ということができない。大企業でいい思いをしようと思ってずっと生きてきて、いいことはなかった。かえって悪いことだった、と。それよりは、小さな会社に入って、苦労して自分にしかできない特殊な技《わざ》や技術を身につけて、自分はどこででも生きてゆける、という生き方をしたほうがよかった、と。

だから、いいことは悪いことで、悪いことのほうが、かえっていいことだ、と、私はずっと思ってきた。

たとえば、私はあまり酒が飲めない。飲むとすぐに酔う。顔が赤くなる。缶ビールは一缶で十分だ。水割りのウイスキー2杯、焼酎2杯で十分だ。日本酒は一合も飲んだら、もうそれで限界だ。それに較べて、日本酒やらウイスキーを5合、7合、平気で飲んでおいしそうにしている人たちがたくさんいる。ワイン一本、ウイスキー一本を平気で空《から》にする人たちもいる。酒豪である。お酒で酔って苦労してきた自分としては、酒が強い人たちが羨《うらや》ましいな、と若い頃（学生時代から）思っていた。

だが、あれ、待てよ。酒が強い、ということはそんなに仕合わせなことなのかなあ。こいつらは、飲み過ぎで体を悪くする。酒飲みは早死にする。どす黒い顔になっている。いくら飲んでも酔わない、というのは、本当は不幸なことなのだ。それに比べて、酒に弱い自分のほうがずっと仕合わせなのではないか、と、いつ頃から思うようになった。ちょっと飲んだだけで酔っぱらえて、こんなに安上《やすあ》がりなことはない。飲んべえは、一体いくら銭《ぜに》がかかるか。ずっと飲み屋にいて、大変な時間のムダをやっている。

だから、いいことは悪いことで、悪いことがいいこと、なのだ。あんまりいい会社でもないけれども、自分は抜け目なくここで立ち回って、秘かに自分の腕に職をつける、というかね、人間関係でもなんでも、自分の、次の踏み台にするために努力して、チャンスを見つけて転職していく。そのために踏み台にしていい人たちもいる。これは、やっぱり野生動物《ワイルド・ライフ》に近い人たちだ。ぬくぬくと家で飼い殺しされている犬や猫とは違う。私は、最小限度そういう厳しい生き方をしなきゃいかんと思

う。外側に、会社に言われるとおりだけではない、自分の世界を持っているべきだ。一時期、異業種交流会とか流行って、あんなものはたいしたことはなかったと思うけど。やってるやつは今でもやっているんだろうけど。もうほぼ滅んだと思いますが。外側に人間関係をつくっていく、という努力は、あくまで自分の仕事、職種《しょくしゅ》を通してやらないとダメだ。職業を通して、自分の専門職の中で、次の可能性を見つける。

だから何らかの専門職の技《わざ》を身につけない人はダメだ。これからいよいよ専門職の技《わざ》が必要だ。それは国家資格などというダマしの専門職である必要はない。世の中で、どうしても必要とされる専門の仕事、職種である。何かの専門に特化した、みんながイヤがって近寄らない仕事だけど、誰かがやらなければいけない。そういう仕事だ。そういう技能を、自分で持っていない人は、苦しい。生きにくくなる。

エキスパートを育てるか、ジェネラリストを育てるのか。ジェネラリストというのは「総合人間」ですね。日本の大企業はジェネラリスト志向で、社内で三年に一

遍、いろんなところを回して仕事をさせている。その人に向かない仕事でも何でもやらせる。人事のローテーションで。それでも、ここでも、「いいことは悪いこと。悪いことはいいこと」が通用する。私にとっては、このことが人生の知恵として大事だった。

イヤな仕事をさせられたが、それがあとで役に立った、ということがある。あの時は乗り気はしなかったが、それがあとあと、何かのはずみで自分の身を助けた、ということがある。「若いうちの苦労は買ってでもやれ」という古い言葉がある。いまどき、こんな古臭い修養のコトバが生きているのかも分からない。それでも、「いい、いい」と世の中で言われていることは、やがてダメになる。かえって、みんなから相手にされないことのほうが、時代が変わってかえって重宝《ちょうほう》されることがある。

遠回りしてもいい、あまり近道ばかり行くな、という考え方だ。私はこっちの考

えが好きだ。道草を喰って、ぶらぶらと余計なことばかりして生きてきた。こういうコトバを昔は教えたけど、今は教えなくなりましたね。

厚かましい人間になったほうが勝ち

合理的精神、ラチオナリズム rationalism というんだけど。このラチオ（ratio、レイシオ）とリーズン（reason、理性）。この二つがヨーロッパの近代を作ったんですよ。ラッショナリズムとは何か。合理的精神というのは、一言で言うと、余計なことをしない。目的に向かって、なるべく要領よく、短い時間で、生産性（プロダクティヴィティ）を上げることだ。余計なことをしない。とはどういうことかと言うと、道草しないということだ。

ということは、AとBの間を直線で行く。曲線で行かない。これがラチオナリズムだ。直線でまっすぐ行くんですね。

ところが、実際の人間は、あっちこっち、あっちこっち、うろうろうろつくものなのだ。そういうやつがたくさんいる。道草を喰いながら。動物を見ていたら、分かる。動物は、一日中うろうろしている。何かの目的（エサ捜し）があるのだろうが。私も一緒だ。あれこれ、いろいろな本を読み散らしていると、どっか行方不明になって、目標を忘れてしまうんですよ。その場その場の、好き嫌いで、どっかへ行ってしまうのです。で、どうせ生活があるから、戻って来ないといけないんだけど。私にとってはあっちこっち、ふらふらしてね、結果的に目的の場所に行ければいい、という考え方をしている。

だから、私は、一直線でまっすぐ目的地に行くというのがあんまり好きじゃない。与えられた任務や仕事の中では、そんなことは言ってられなくて、一定行動が要求されますがね。

ここで、前のほうの、社内、組織内における人間関係の厳しさの話に戻る。上司

にヘンなやつが付いたら、本当にその数年間は大変だ。

私の場合、私立大学に勤めていたときに、学長と憎しみ合いになった。そうすると、学長の下にくっついている事務の課長みたいなやつ、本当にいやなやつだった。この人が、私をいじめる係りなんですね、学長の代わりに。自らすすんで私にいやがらせをする。なんだかんだでいじめるわけですよ。つまらない事務の書類出せとか、ああしろこうしろと。そうやって私を大学から追い出そうとするわけですね。他の大学に行ったらどうですか、とか。まあ、私は12年、この大学にいたからいいんだけど。この男が私を追い出す係りだった。

私と面と向かっているときだけは、顔つきが変わって鬼みたいな顔になるのね、私に対してだけ。学長よりももっと上の理事長は、私を雇った人だから、悪い人じゃなかった。大風呂敷を広げる太っ腹な人間だった。学長は東大を出ているというだけの、ネズミみたいなやつだった。その人に嫌われたんだな。私のほうも言うことを聞かなくて、学内の仕事をしなくて、態度が悪かったから仕方がなかったけ

ど。

ある時、事務の女性に、「先生、威張ってません?」と、私は言われた。「先生、歩いてるとき威張ってません?」って言うのだ。そのように言え、と言われたのだろう。私は、「いいんだよ、そんなこと」と答えて無視した。そういういじめだった。私は、本当に日頃、ブラブラと威張って歩いているらしい。堂々としている、と言えば、恰好がいいけど、周囲に無頓着《むとんちゃく》なのだろう。普通、道を歩いているときではなくて、学内の廊下、通路を歩くときとか。私はこれが身についている。板についているというか。真ん中歩く人間だ。人にあまり遠慮しない。遠慮する気もなかった。これじゃいじめられますよ、でも。いじめにあっても、堪《こた》えないんだな、きっとね。

まあ、嫌な思いは自分のせいもあって、たくさんしてきた。少しは分かってはいるんだけど。いじめがあんまり堪《こた》えないというかね。厚かましい人間になったほうが勝ちだ。ずうずうしく厚かましくなること。これはこれで、生きてゆく知恵だ。

だから、私は、作家の渡辺淳一（1933−2014）が、『鈍感力』（2007年刊）という本を書いたとき、やっぱりこの人は人生を分かっている人だな、と思った。たいしたことのない、つまらない本だった。彼の書いたすばらしい作品の『化《け》身《しん》』（1986年刊）や『花埋《はなうず》み』（1975年刊）に較べたら、どうということのないエッセー本だったが。

人間、ある程度、鈍感なほうがいいんだ。鈍感なほうが生きてゆく力がある、と。神経質とか、気が小さいとか、あと、繊細であるというのは、そんなにいいことではない。生きていく上で。文学者（小説家、作家）というのは、最初からヘンな人間たちだ。私も物書き業だから、ヘンな人間だけどね。ヘンな人間だ、ということに自信と少しは誇りを持っている。

だけど、ヘンなやつっていうのは、それぐらいでちょうどいい。ただし、会社とかの組織社会では通用しない、ということはある。

神経質とか、思いやり（配慮）のある、人に優しい人というのは生きてゆくのが

『化身』（1986年刊）でホメられ、『失楽園』（1997年刊）でアキレ返られて逝った渡辺淳一（1933-2014）

女優たちとも愛し合った。奥さん子供にはアキレられた男。

©共同通信イメージズ

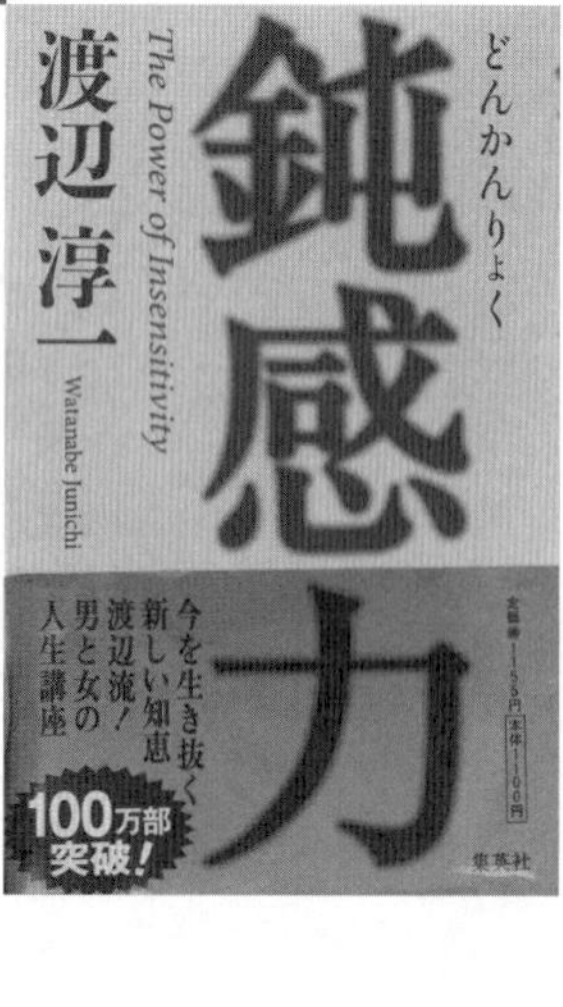

人間、ある程度鈍感なほうがいい、という真理を書いた『鈍感力』（2007年刊）

その分、ツラい。他の人がいじめられていようが、どんな目に遭おうが、自分の知ったことではないわけでね。他人のことですから。鈍感でないと、生きてゆけない。他人のことなどかまって（関わって）いられない。それは、生物世界の自然法則（ナチュラル・ラー）なのだろう。

動物も植物もそういう精神を持っている。鈍感なほうがいいんですよ。繊細で、敏感で、いろいろな小さいことに気がつく人生というのはツラい。生きているだけで苦労だ。私は本当はいろいろな微細なことに気がつく神経過敏症の人間だ。だから、ここまで生きて来るのが大変だった。捨て猫や、かわいそうな動物たちのことがかなり気になったりした。しかし、どうせ助けてあげられない。人間世界は非情なものなのだ、と思い知りながら。内面のヒステリー症状を隠しながら、ずっと生きてきた。もうこんな歳になった。

他人のことなんか放っておけ、という思想がある。現実の世界は、そうしなければ、実際生きていけない。他人のことにいちいちかかずり合って、ああ可哀《かわい》そう

ね、と言って、それで助けてあげられるものではない。放っておいて、さっさと見て見ぬふりをして、関わり合いにならないで通り過ぎる。それが人生だ。いちいち人のことにかかずり合う暇はないから。とくに今は、ね。今は他者のことに関わらない、ということが、もう異常なところにまで来ましたね。他者に関わらない。他人のことに関わらないんだ。すべては他人事《ひとごと》だ。他人事と書いて「ひとごと」と読むのだ。今はスマホのLINE《ライン》で、友達とお話しするだけだ。インスタグラムという画像の投稿ができるほうが人気が出ているらしい。会って一緒にお酒を飲むということも、もう若い人はしません。「他人と共感し合う」の、ぎりぎり最後のところまで来ている。だから、他者のトラブル、問題には関わらないという人が多い。

ところが、この鈍感力をやりすぎると、周りから嫌われるだろう。どんなことも、あんまり限度を越したら、いかんのだ。他人に冷たい人間は、やっぱり嫌われる。自分の利益になることしか考えていない人間は、周りから見抜かれる。動物の

法則の中にある。アフリカのサバンナにライオンがいて、シマウマとかガゼルとか、鹿みたいなのがいるでしょう。それらを餌としてライオンが捕《と》って食べるわけですよ。みんなも小さいときからテレビで見てきた光景だ。いくらなんでも三日に一遍ぐらいは、ライオンは食べなければいけない。

本当は、ライオンがシマウマやガゼルを走って追っかけて捕《と》る、というのは、大変なことなのだ。猛獣が群れを追いかけて捕食《ほしょく》するというのは、ほとんど無理なんだってね。だから、仔どもを狙うか、年取って、よたよたしたやつを狙うしかない。あと、本当に死にかかって、ちゃんと走れないようなやつを捕まえるしかない。それが自然界の掟《おきて》（ナチュラル・ラー　自然の法則）だ。逃げ遅れたやつを捕まえて食べるわけでしょう。そうすると、すぐにハイエナの群れが寄って来る。あとハゲタカみたいなのも来る。そいつらとケンカしたり、お裾《すそ》分けを上げたりしながら、生きている。

真実の真実は、ハイエナたちが苦労して集団戦法で先に捕まえて餌にしていたシ

マウマの肉を狙って、ライオンのほうがあとからやって来て横取りする、ということも実際にはあるらしい。

これが動物の法則だ。ナチュラル・ラーで「自然法則」ですね。自然の掟に、人間が逆らえると思わないほうがいい。人間も自然動物の一種だから。この動物の法則に従って生きているのだ。それを社会《ソシアル》ダーウィン主義（Social Darwinism）という。ダーウィンの「進化論」を人間世界に応用して唱えた学説で、イギリス人のハーバート・スペンサー（1820－1903）が唱えた。同時代のお仲間に〝ダーウィンの番犬〟と呼ばれた有名な生物学者のトマス・ヘンリー・ハックスレー（1825－1895）がいた。彼の孫がオルダス・ハックスレー（1894－1963）で、このオルダス・ハックスレーの“Brave《ブレイブ》 New《ニュー》 World《ワールド》, 1932”『すばらしい新世界』は、ユートピアではない、その逆の distopia（ディストピア）、人間世界の未来への幻滅の文学として、今でもものすごく重要な作品だ。

最近の映画で『ブレードランナー 2049』（2017年作。ハリソン・フォー

ド主演）も、このディストピアの、すべてが収容所国家になっている未来社会を描いていた。

鈍感力はここにあるのだと思う。なぜかと言うと、シマウマでもガゼルでも一頭ライオンに捕まってしまったら、他のやつらは逃げるのをやめるんですよ、一瞬のうちにやめる。そいつが食べられて、あとの私たちはしばらくは大丈夫、と。もう分かるんですね。周りのシマウマは。自分たちはしばらく大丈夫と分かる。こうやって共存しているわけですね。あの態度ですね。生き物の知恵だ。この動物の法則が、人間にまで伝わっている。組織《そしき》動物としての人間にね。組織動物というのは、アリやハチのような集団生活をする動物だ。

第4章

大きな組織・団体にダマされた

甘い考えを捨てろ

私はごく普通の日本人として生きてきた。

九州の田舎者で、「東京に行きたい」と思っていたから、東京へ出てきて、早稲田大学に入った。そして少し学生運動をやって、ひどい目に遭《あ》った。これは学生運動という言葉でしか言いようがない。過激派《かげきは》学生運動というんだけど。普通の人たちには、分かってもらえないだろう。おかしな宗教団体に入って、その信者になったアホなやつ、と同じだ、という説明が、一番分かりやすいだろう。

私はもうこの説明でいい、と思っている。それでも1960年代末から1970年代初めには、そういう学生が、全国で50万人ぐらいいた。だから決して小さな運動ではなかった。今の70歳前後の人たちの中にたくさんいる。いわゆるインテリと言われる、勉強秀才だった者たちにたくさんいる。もう少し上の世代だと、戦後の

1950年代、1960年代に、企業の中で労働組合の活動家だった、頭の良かった人々だ。みんな冷や飯《めし》喰いをしたが、まじめな人たちだった。
過激派（新《しん》左翼の党派《とうは》という）にも組織というのがいくつもあった。細かく分ければ10ぐらいあった。ひどい団体でね。宗教団体と一緒だった。そこに政府の政治警察（公安警察官）たちが潜《もぐ》り込んできていた。きわめて危険な世界だ。いつ犯罪者に転落する（させられる）か分からない。私は、こんなところにいたら危ない、と察知して、急いで逃げた。20歳の時だ。あとのほうでまた話そうと思いますけどね。私自身が、政治思想（ポリティカル・ソート political thoughts）のいろいろな思想流派（学派）というものが、生来《せいらい》、大好きで、それの研究が自分の天職《てんしょく》（ベルーフ Beruf）だからだろう。

というか、大好きなのだ。その適性があるものだから、ずっとこの思想研究をやった人間だ。だから、逆に今は、政治思想の研究者として、私はバリッと日本国内では東大政治学科の教授どもにも引けをとらないぐらいの業績を持っている。今

の50歳から下ぐらいの、日本のリベラル派の知識人や左翼的な学者たちは、みんな、私のアメリカ政治研究の本や、『属国・日本論』などを読んでいると思う。彼らの書いている本の中に、私からの影響が強くにじみ出ている。

だから、私は、逆にもう威張る気がなくなった。だから、正直に、私は政治運動で、若い頃ひどい目にあったということを話さなければいけない。

ただし、これは、普通の人たちには関係ないことなので、私は気が引ける。だから、大きく説明の仕方を考えて、「何事も甘い考えをすると、本当にしっぺ返しされる。あとで、必ず自分に返ってくる」という警告の話にする。人生の知恵として、いい加減な考えで、軽い考えで動くと、それは甘い考えであり、なんとかその場を乗り切っても、必ずしっぺ返しを食います。

このことは50歳を越したら、分かってくる。会社の中の仕事でも、いい加減なことをしたり、あるいは生産現場、もの作りの現場、たとえば機械や電気製品の生産工程で、一か所でも甘い考えで製品を作ると、必ずそこがあとで爆発する。故障す

る。トラブルを起こす。欠陥部品のせいで、リコールされたり、お客（消費者）に訴えられたりする。

だから、日本で、エンジニアと呼ばれる機械工学系の人たちは、いい加減な生産（もの作り）はしない。日本は世界に冠たるエンジニアリング大国ですからね。甘い考えをしなかった。日本製品は今でも世界中で尊敬されている。昔から、日本人の性格として、真面目《まじめ》ということである。生産管理というが、クォリティ・コントロールと言って、アメリカの「デミング賞」というのを日本は戦後、もらうようになった。デミング博士（ウィリアム・エドワーズ・デミング、1900－1993）が、日本の企業に来て、教えた。デミング博士が、生産工程での製品の品質管理を徹底的にやりなさい、と教えるまでは、日本の技術者（エンジニア）たちも、1950年までは、いい加減なもの作りをしていたらしい。アメリカに輸出し始めた頃の日本製の自動車や電気製品も、1960年までは、「安かろう、悪かろう」で笑われていた。故障が多かった。嘲笑《ちょうしょう》されていた。

しかし、1970年代から、世界が日本製品を見る目が変わった。日本人のまじめで勤勉で、手抜きをしない、緻密《ちみつ》なもの作りが、欧米白人たちを圧倒して黙らせた。そして時計のセイコーのクォーツのような新技術の開発もあって、スイスの時計産業を青ざめさせた。ところが、今でもロレックスは、意地を張って、腕の動きでローターが回転する自動巻きという恐るべき遅れた技術でクォーツと対抗している。スイスの高級時計メーカーたちのピアジェや、ブレゲやパテック・フィリップたちの、宝飾品としての時計（1個1000万円、2000万円もする）の存在を、私は憎らしく見つめている。しかし、本当に、1個最低500万円、1千万円（10万ドル）、2千万円（20万ドル）の、ギラッと金色に光る高級時計をして、さりげなく、チラッと腕から見せなければ、金持ち経営者だと、お互いを認め合わないらしい。高級自動車に乗っているのと同じことだ。これが今の世界だ。

成金《なりきん》のことを、フランス語でヌーヴォー・リッシュ（nouveau riche）と言う。英語に訳すと、「ニュー・リッチ」でバカみたいなコトバになる。このヌー

ヴォー・リッシュたちが幅を利かして生きている世界が今の世界だ。そんなものとは縁のない世界で、私の書いている、こんな本を読んでいる人たちが、読書人（ブック・リーディング・クラス）だ。私のお客さまだ。

機械工学では1ミリとか、1ミクロン単位まで正確に部品を作って、それを、金《かな》型《がた》というのだけど、金型（ダイ・アンド・モールド）を作って部品を量産する。ちょっとでもいい加減なことをしたら、あとで必ずその製品は欠陥になる。このことをメーカーは身に染みて分かっている。客からクレームがつく。修理に行かなければいけない。それでも購入者である客を騙して、ほったらかしにして、「もう古い商品ですから」とかで製造物責任を果たさないケースがたくさんある。企業はそのことを知っている。客に我慢させなければいかん、と。企業は専門家だから、製品のことは何でも知っていて、どこでどのような苦情が出る、まですべて知っている。

国家は大きな暴力団

最近話題になるのは、アメリカの司法省《しほうしょう》がやっている「国家強盗ビジネス」だ。ドイツや日本のメーカーを狙って。本当にこれを言いだすと、国家間の問題になる。アメリカ政府自身がやっている「強盗ビジネス」だからだ。そうしないと、アメリカの自動車産業が死ぬ。誰がGM《ジーエム》の車なんか買うか。GMとクライスラーとフォード。あんなもの、いくら良くなった、徹底的に品質管理されて生産されるようになった、とか言ったって、アメ車なんて誰も買わない。やはり今でも欠陥車が出る。第1章で書いたが、かつて日本の若者の一部がアメ車に乗ってヒドい目に遭《あ》った。修理代が100万円とか来た。2回それをやられたら、もうダマされなかったと思う。それと同じだ。やっぱりね、恐ろしい。

エアバッグのタカタもそうだった。タカタは、硝酸アンモニウム、本来、爆発剤

なんですけど、それをエアバッグの材料に使ったことが問題で、内部告発を受けて、それで結局、アメリカに支払った罰金と補償金は表面では10億ドル（1200億円）だ。だが、自動車メーカーへの負債と合わせて負債総額は1兆円ですよ。

ホンダがトヨタ並みに狙われたのだ。タカタのトヨタへの負債額が3300億円、ホンダが2400億円になった。大量にアメリカ国内でリコール（部品交換）をさせられた。そしてガバッと賠償金も取られた。タカタは結局、倒産した。民事再生法だ。創業者の根性のあるお婆さんは怒っていた。こんなヒドい目に遭うなんて、と。アメリカに進出なんかしなければよかった、と。アメリカ政府がやっていることは強盗団だ、と。このことは日本では書いてはいけないことになっている。アメリカの司法省（DOJ、Department《デパートメント》 of《オブ》 Justice《ジャスティス》）自身が、アメリカで利益を出している外国企業を次々に狙い撃ちにして、「裁判にかけるぞ」で、何千億円も賠償金や和解金を取るボッタクリ・ビジネスをやっている。爆発して運転者がケガをするような、ひどい質の火薬を使った、それがいけなかった、ということにして。

日本ガイシ	自動車部品の価格操作による米国独占禁止法違反	2015年9月、日本ガイシが6530万ドル(約78億円)の罰金の支払いに合意。 *「自動車部品カルテル」
オリンパス	米国「反キックバック法」違反	2016年3月、オリンパスが、米司法省に6億4600万ドルを支払うことで和解。
日立オートモティブシステムズ	ショックアブソーバー販売に関して米国独占禁止法違反	2016年8月、罰金5548万ドルを支払う司法取引契約を締結。 *「自動車部品カルテル」
タカタ	〝欠陥〟エアバッグ	2017年6月、経営破綻。負債総額1兆500億円。
神戸製鋼	品質データ改竄	米司法省が2017年10月に神戸製鋼に出した召喚状(サピーナ)がきっかけ。「現段階で賠償額を見通すことは困難」(山口貢社長)。
パナソニック	米国「海外腐敗行為防止法」違反	2018年5月、パナソニックと米子会社パナソニックアビオニクス(PAC)は、計2億8060万ドルの制裁金を支払うことで、米証券取引委員会(SEC)及び米司法省と和解。
東芝	〝不正会計〟問題	2015年から発覚。そもそも2006年に米国の原子力専業会社ウェスティングハウス(WH)を6600億円で英国核燃料会社から買収したことで、東芝は大きく米国にダマされて泥沼に陥った。ウェスティングハウスの経営破綻で、東芝が被った損害は1兆5000億円と言われている。2018年6月現在、調査をしていた米証券取引委員会は、「調査終了、処分勧告なし」と発表。優良子会社、東芝メモリの売却で穴埋めする。

米司法省に狙われた日本企業

企業名	事案	経緯または結果
古河電気工業	ワイヤーハーネス（配線装置）の販売に関して米国独占禁止法違反	2011年9月、2億ドルの罰金の支払いに合意。 ＊古河電気工業以降、一連の「自動車部品カルテル」で、米司法省に起訴された日本企業は計37社に及ぶ。
矢崎総業	ワイヤーハーネスの販売に関して米国独占禁止法違反	2012年1月、4億7000万ドルの罰金の支払いに合意。 ＊「自動車部品カルテル」
デンソー	温度調整機器の販売に関して米国独占禁止法違反	2012年1月、7800万ドルの罰金の支払いに合意。 ＊「自動車部品カルテル」
日立オートモティブシステムズ	スターター等の電子部品の販売に関して米国独占禁止法違反	2013年9月、１億9500万ドルの罰金の支払いに合意 ＊「自動車部品カルテル」
三菱電機	始動用モーターの販売に関して米国独占禁止法違反	2013年9月、1億9000万ドルの罰金の支払いに合意。 ＊「自動車部品カルテル」
東洋ゴム	振動防止ゴムの販売に関して米国独占禁止法違反	2013年11月、1億2000万ドルの罰金の支払いに合意。 ＊「自動車部品カルテル」
ブリジストン	振動防止ゴムの販売に関して米国独占禁止法違反	2014年2月、4億2500万ドルの罰金の支払いに合意。 ＊「自動車部品カルテル」
トヨタ自動車	〝急加速〟問題	2009年から始まる大規模リコール。 2014年3月、トヨタ自動車が頭金として12億ドルの和解金を支払うことで米司法省と合意。

これ以上私も分からないんだ、真実の真実は。これぐらい大丈夫だろう、ということでタカタは使っていたと思うんだけどね。

「タカタ負債額、1兆5000億円規模に　製造業で戦後最大」

欠陥エアバッグ問題で経営破綻（はたん）した自動車部品大手タカタの負債総額が、1兆5000億円規模で確定する見通しになったことが11月6日、わかった。製造業として戦後最大の大型倒産となるのは確実だ。

タカタは、6月26日に民事再生法の適用を申請した。負債総額を確定したうえで、11月27日までに再生計画案を東京地裁に提出する予定だ。3月末時点の負債総額は約3800億円だったが、これには自動車メーカーが肩代わりした巨額のリコール（回収・無償修理）費用を反映しておらず、負債はさらにふくらむとみられていた。

関係者によると、タカタは、車メーカーが請求したリコール費用などを精査

し、その一部を上乗せした計約1兆500億円を負債として東京地裁に届け出た。中国の「寧波均勝電子《ニンボー》」傘下《さんか》の米自動車部品メーカー、キー・セイフティー・システムズにほぼすべての資産と事業を譲渡する計画で、数週間以内に最終合意する見通しだ。

調査会社の帝国データバンクによると、負債額は2016年11月に倒産したパナソニック子会社、パナソニックプラズマディスプレイの約5000億円を上回り、製造業の倒産で戦後最大になるという。

（朝日新聞、2017年11月7日）

今から9年前の、トヨタのブレーキ故障問題も。トヨタは結局正しかった。あんなプリウスが逆方向に走った、とか、ブレーキ故障で事故を起こしたとか、ウソだった。アメリカ人のヘンなおばちゃんがペダルにサンダルを引っかけていただけだ。全部証明されている。トヨタは反論して、ずっとネットに載せている。プリウ

スが急に後ろに走り出したとかの、プリウスに対する激しいいじめがあった。トヨタは結局、5兆円払った。アメリカ司法省が元凶だ。アメリカ人のワル10人ぐらいが訴えたんだろうけど。トヨタが5年間、日本で税金を払わなかった理由は、アメリカにそれを取られたからだ。アメリカは何でも分かっていて、こういうことをする。「ようやく日本で税金を払えるようになった」と豊田章男《あきお》社長が喜んでいた。3年ぐらい前だ。

アメリカの〝司法省ビジネス〟という。日本で言ったら法務省である司法省が、自分でこういう穢《きたな》い商売をやってるんですよ。あのフォルクスワーゲンの問題も、アメリカでのドイツ車叩《たた》きだった。「ウソの排ガス検査の報告をした」として、大々的に問題にされた。

「VW排ガス不正　VWと米当局の和解発表　5千億円支払い、6人起訴」

米司法省は1月11日、ディーゼルエンジン車の排ガス規制逃れ問題を巡り、独フォルクスワーゲン（ＶＷ）が、米当局と和解し、罰金や民事制裁金など計43億ドル（約５０００億円）の支払いに同意したと発表した。問題の隠蔽に関わった同社の幹部（当時）ら６人の起訴を発表した。

司法省によると、米当局を欺いたことについてＶＷは罪を認めるほか、３年間は第三者による監督下に置かれる。ＶＷが米当局に支払う額は刑事、民事合わせて計２００億ドル（２兆２０００億円）に及ぶ。リンチ司法長官は、「何年もの間『クリーンディーゼル』と宣伝して違法なレベルの排ガスを大気中に放出してきた」と非難。消費者を誤認させたことは引き続き調査すると言明した。

ＶＷは「排ガス規制逃れにつながった振る舞いを深く後悔している」とするミュラー会長の謝罪コメントを発表した。

（共同通信、２０17年1月12日）

フォルクスワーゲン社にも多少は誤魔化しがあっただろう。だが、業界人にはよく知られていた事実だろう。それをわざと大騒ぎして、外国の大企業をヤリ玉に挙げて、アメリカ政府自身が、強盗のようなことをやっている。今のアメリカは貧乏だから、どんなことをしてでも、国家の財政収入にしてしまう。外国の大企業の弱点をつかまえて訴えることで。こんな恐ろしいことをやる。自分の国の企業が競争に負けてだらしないからだ。

アメリカは帝国（エムパイア）だから、威張っている。他の国にヘコヘコしない。そして政府自身が暴力団みたいなことをやる。そんなに言うんだったらアメリカから出て行け、と。我が国で商売をやる必要ない、と言う。この国で売り上げをあげて大きな利益を出しているんだろう。それを全額、置いてゆけ、という理屈だ。こんなことは口では言いません。業界人も政治家も、みんな分かっている、大人だからね。でも、誰も、日本ではこの真実を、言わない、書かない。だから私だけは書く。

東芝もやられた。神戸製鋼（コベルコ）も、オリンパスも。日立も。アメリカがやっていることは、本当にひどい。こういうことを私はすぐにピンと来て調べている。アメリカの言い方は、アメリカは、それだけ世界を管理するのにお金がかかってるんだ。そのために米兵がいっぱい死んでいるんだ。その分の金を払えと言っているのだ。このことを言うと間尺《ましゃく》が合う。日本は、これまでにアメリカに1400兆円ぐらい取り上げられている。これは私の計算だ。この40年間で、毎年、毎年、平均で30兆円ずつ、米国債を中心に買わされ続けている。それが積もり積もって1400兆円だ。私以外の誰もこのことは書かない。私は自分の金融経済の本で、この20年、ずっとこのことを書いてきた。書き始めた20年前には、このアメリカへの「隠れた貢《みつ》ぎ金」は600兆円ぐらいだった。それが今では、1400兆円だ。日本人は何となく、このことを肌で感じて知っている。だが、誰も言わない。

理屈は合っている。「アメリカさまのおかげで、日本は平和でよかったね」とい

うことになる。アメリカは日本の用心棒なのだ。そして、その用心棒代がものすごい。みんなトボケちゃって。日本人の平和ボケの裏の本当の秘密は、これなんですよ。米兵は、本当は戦争土方《どかた》だ。戦場に行くしかない下層民なんですよ。軍人は国家の英雄だ、みたいな言い方をするんだけど、本当は兵隊になるしか他にない人間たちだ。これも言ってはいけないことになっている。差別発言になる。だから、トランプは北朝鮮爆撃をやるとしても、絶対、300人以上の米兵のパイロットを死なせられない。その遺族がCNNに出てきて、びゃーびゃー泣くからね。

でも本当は、こう泣いている下層米兵（黒人が多い）の家族は嬉しそうだ。このことは言ってはいけないことになっているけど。死んだ兵士の兄弟たちは、奨学金がもらえて、ほとんどタダで大学まで出れる。しめしめって、言っちゃいかんけど、本当はそうなのだ。南米からの移民だったら家族まで市民権がもらえる。よかった一人死んでくれてって。世界で一番進んだ国の、人間関係の恐ろしさはこれだ。

私は、書いていいと思ってるんだけどね。テレビで彼ら遺族にびゃーびゃー泣かれると、国民の代表が政治家ですから。アメリカ国民と、トランプは対等ですからね。安倍晋三はトランプの前では「この野郎、この馬鹿タレの知恵遅れめ」とトランプは本当は思っている。外国人に対しては威張れる。外国の支配者たちを痛めつければいいから。属国たちは言うことをきく仕組みになっている。大組織も、公務員組織も。

外国政府を痛めつけて脅《おど》して悪いことをするぶんには、帝国《エムパイア》は楽なんですよ。しかし、自分の国の国民はダマせない。いい加減に扱えない。ブーブー言う。だから、デモクラシー(代議制《だいぎせい》[選挙による]民主政体《せいたい》)は恐ろしい。民衆の代表《レプレゼンタティヴ》が政治家で、政治家は自国民に対しては遠慮する。国民が暴れ出したらえらいことになる。

甘い考えをしたら、必ず失敗する。歳をとると、このことが分かってくる。歳とった爺さん、婆さんは偉いのだ。長い人生を生きたから。いろいろ知っている。

長生きした分だけ知恵がある。職人でも技術屋でも、事務職でも。若い人に意見をする。いい加減なことをするな。結局自分に戻ってくるぞ、と。「ああいいんだ、いいんだ、これで」と若い人間が、思慮の足りなさで適当にやったら、必ず自分に戻ってくる。痛い目に遭いながら、人は学ぶのだ。

ところが、老人が若い人に意見を言って、それを若い人たちが素直に聞く、という時代ではない。老人がこんこんと話をして聞かせる、という機会や、場所自体が、今の社会にはまったくない。これがいけないのだ。計画的な愚民化《ぐみんか》政策の最大の手口《てぐち》はここに有る。私はこのように断言する。

親子で代々やっている商店や企業にしか、そういう「この世の裏側の真実の知恵が伝わってゆく」という仕組みがなくなっている。「息子よ。いいか、よく見ておけ。これが世の中というものだぞ」と、父親が言い聞かせることができない。だから、現代の人間は、ますます洗脳される。テレビ、新聞、スマホの情報の、ウソばっかりの薄っぺらな内容で、どんどん洗脳される。本当の真実はそんなところに

はないのだ。

大きなことで失敗すると、取り返しがつかない。大きな打撃が来る。いい大学へ行けなかった、と、自分の人生の目標に失敗した、と、悩み苦しんだまま、人生終わっちゃう人もたくさんいる。これも世の中の真実だ。でも、そんなこと、ぜんぜん大きな失敗ではない。東大に行かなければ、人生は暗い、と死ぬほど思い込んでいる馬鹿が、今もたくさんいる。

官僚（高級公務員）になった者たちであっても、「しまった。こんな道を選ぶべきではなかった」「こんな世界に入るんじゃなかった」と思っている。事務職のキレいな仕事の公務員になんかなっても、実際は穢《きたな》い。嫌な仕事を無理やり押し付けられて。組織というのはどこも地獄だ。公務員組織ほどヒドい。なぜなら、生産性がないから。生産現場がある業界は、まだ生き生きしている。物をつくって。市場に出して売れた、売れないで、能力評価もできるから。生産現場がないと、人間関係

は腐る。陰湿な関係になる。だから、もの作りのほうに人間は寄っていったほうがいい。

蛇の道は蛇

騙《だま》されて、何となくある組織、団体に入ってしまって、それで人生が大変なことになる。その組織にからめとられて、もう抜けられない。暴力団や宗教団体に入ってしまったら、簡単にはそこから脱出できない。これは「蛇《じゃ》の道は蛇《へび》」という言葉で言い表せる。自分がその蛇たちが棲《す》む世界に入ってしまったからだ。この「もう逃げられない」問題を、私はすでに他の本で書いた。

「ホテル・カリフォルニア」という名曲がある。1976年の作で、カリフォルニアのLA《エルエイ》（ロスアンジェルス）の、有名なホテルを想像させる歌だ。イーグルスが歌った。大ヒットして、今でもよく口ずさまれている。だが、この歌には、隠され

た深い意味が込められている。

You can checkout any time you like, but you can never leave !

「あなたはいつでも好きなときにチェックアウトできます。しかし、このホテルから出て行くことは決してできません」と。

はぁー、みたいになってしまう。この歌は麻薬をみんなで吸っている仲間の話だと表面的には解釈されている。本当は、たとえ警察公務員でも、軍隊でも、暴力団の組織でも、宗教団体でも、そこにいったん入ったら大変なことなんだ。その組織から抜け出すことはできない、という歌だ。

だから、組織、団体に、自分の名前を、ふとしたはずみで一回でも署名（自著《じちょ》）登録してしまうと。たとえば、広域暴力団山口組や、日本共産党や、創価学会や自由民主党の入党届けに、たまたま自分の名前を書いてしまったら。もうそれを取り

消すことはできない。もう私たちの仲間です、となる。名前が名簿に載って、それがいつの間にか、公安警察（国家の政治警察）の手に入ってしまう。それらの組織には公安警察のスパイが潜り込んでいるから。その人はもう党員扱いなんですよ。それで一生、そのように認定されて、死ぬまでそこの所属メンバーとして処理される。知人の勧《すす》めで、たまたま創価学会に入りましたと、言ってみてももう遅い。恐ろしいことなんですよ、名簿に名前が載るということは。ちょっと誘われたので名前を書いちゃいましたと、あとで言《い》い訳《わけ》してもね。恐ろしいことだ。連帯保証人になることは危ない、という話は第2章でした。何かに署名するときは、本気で気をつけたほうがいいですよ、ということだ。

私は、「あ、待てよ」という最小限度の注意力があったので、これまでに、どこの組織や団体にも加入したことがない。良かった。私は、インターネット上のクレジット・カード決済も嫌いだから、絶対に自分のカードをネット・ショッピングに登録することもしない。自分の個人情報がこういう業者たちにいいように利用され

ることに対して、慎重《しんちょう》だ。国家（政府）が始めたマイナンバー（これは本当は国税庁の管轄《かんかつ》で財産だ）は、仕方なく嫌々《いやいや》ながら処理している。

世の中は、このようにして、少しずつどんどん締《し》め上げられてゆく。前述したディストピア（distopia 幻滅すべき未来統制社会）である。

今、ブラック企業が増えている。この〝ブラック企業〟という言葉は、5年ぐらい前に、苦労しながら都会でなんとか生きている若者たちが作りだした、切実な、実感のある、たいへん素晴らしいコトバだ。時代の必然が生んだコトバだ。

アルバイトで働いている若い人たちの間で噂になる。「あそこは、かなりブラックらしいよ」という言葉になった。女の子たちでも使う。サラリーマンでも使うようになった。「あの会社には近寄らないようにしよう。ヒドい目に遭《あ》うから」という使い方をする。〝ブラック企業〟という言葉は、日本の厳しい現実から生まれた、たいへん素晴らしい言葉だ。自分がヒドい目に遭わないための、若者たちに

とっての最小限度の生き延びる知恵だ。アラーム（警報器）の役目を果《は》たす。ブラック企業の中で一所懸命働いて、ダマされて5年もそんなところで働いたら、人生の大損だ。アルバイトで働く飲み屋などだ。

ああいうブラック企業を、平気で全国展開のチェーンの食べ物屋や飲み屋にした経営者は、天性の資本家（キャピタリスト）、天性の経営者だ。ユダヤ人の精神が生まれながらに身についている人間だ。他人を安くこき使って何ともない、という恐ろしい精神をした人たちだ。それが資本家（経営者）というものだ。経営者は、多くの人を雇って使って、安い給料（賃金）を払って、自分も借金に追われて全身〝火の車〟となって経営を続ける。地獄のような現実を生きて、それで金儲けをする。

自分だけはその結果《イフェクト》（成果、フルーツ）として何億円か何十億円の資産（資金）を作る。それを相続税で半分国《くに》に持ってゆかれる（＝奪いとられる）。国家がまさしく強盗なのだ。残りの半分は、鬼のような奥さんとバカ息子に残る。その息子はた

いていの場合、能力がないから、その親の財産を使い果たす。あるいは、それほどのアホでなかった場合は、なんとか資産家（金持ち）として楽をして生きる。その次の代（孫《まご》の代）ぐらいでは、きれいさっぱり財産が消える。そしてまた、裸一貫《はだかいっかん》から、這《は》い上がってくる、獰猛《どうもう》な資本家の精神をした若者が現れる。世の中は、これの繰り返し（永遠回帰《リターン・トゥ・フォーエヴァ》）だ。

自分が雇って使っている他人のことなんか、何にも考えないのが経営者だ。辞めさせたいときは、1か月分か2か月分の給料を払えば、辞めさせて何が悪い、当然だ、と思っている。一日16時間こき使って何が悪い、残業手当てを出せばいいだろう、と。

生まれた時から人間としての感情が特殊な人たちだ。経営者とか資本家というのはそういう人たちだ。

チャールズ・ディケンズ（1812－1870）の小説『オリヴァー・ツイスト』（1838年刊）に出てくる、窃盗団の頭《かしら》のフェイギン Fagin という男が、まさし

くこの代表だ。みなしご（孤児）の少年たちを集めて、泥棒させて働かせて、それを故買《こばい》（盗品をよそで売ること）して自分の利益にしている。それでもこの男は、少年たちを食わせている。人類史の初期の資本家が、このフェイギンの姿だ。どこの国にもフェイギンがいる。「資本の原始的蓄積」と言って、そこから企業は大きくなってゆく。フェイギンは最後は警察につかまっちゃいますが。少年たちを殴ったりしながら、「しっかり泥棒をして稼いで来い」と言って。少年たちも食べていかなきゃならないから。そのじじいが盗品を横取りしながら食べさせるんですよ。いいも悪いもない。これが資本の原始的蓄積で、ここから資本主義社会が生まれていったのだ。

そのことをカール・マルクスが、『資本論』の第1巻で描いた。マルクスの有名な大著『資本論《ダス・カピタール》』（1867年、第1巻初刊）は、ディケンズの小説が発想の原型になっている。マルクスが『資本論』を書こうと思い立った、着想の火がついたのは、このディケンズの小説だ。マルクスは1849年（30歳）で、フランスから国

マルクス『資本論』の土台、原作になった

ディケンズ（1812-70、写真右）の傑作『オリヴァー・ツイスト』(1838)。オリヴァーが、みなし子の少年たちを集めた窃盗団の頭のフェイギン Fagin に出会うシーン（写真上）

フェイギンが初期《プロト》の資本家《カピタリスト》（経営者）のモデル。経営者、金持ちになる、とは決意してド穢《ぎたな》い精神をした人間になる、ということだ。

家警察に追われて、ロンドンに亡命して来て暮らした。当時のイギリスで、この『オリヴァー・ツイスト』（1838年刊）がものすごくヒットして、大変な評判になっていた。それを英語でドイツ人のマルクスも読んだからだ。

そういうことなのだ。この小説は、ディケンズの実際の体験記であり、自伝みたいなものだ。彼は12歳で、靴墨の工場に子どもの頃働きに出された。ディケンズの偉さは、カール・マルクスと一緒だ。人間（人類）という生き物の苛酷な運命を冷静に描くことを知っていた大天才たちだ。当時は先進国のヨーロッパでも、子どもでも一日16時間ぐらい、こき使われていた。働きたくないやつは働くな。で、死んでしまうだけだ。機械でばんと指を落としても、知ったこっちゃない。それが経営者というものだ。

この経営者（初期の資本家）たちの上に、貴族たちがいたのだ。貴族《ピア》は大地主《ランドロード》だ。当時は、平等社会じゃない。当然のように階級社会（クラス・ソサエティ）だ。本当は、今もそうなのだ。経営者（金持ち、富裕層）の下に、ものすごい数

で、都市の庶民層《ピーポー》がいた。都市に流れ込んできた元農民（ドン百姓）たちが、工場や炭鉱の労働者になった。人間はいろいろの商売（職業）で生きているが、都会に流れ込んできて、何のツテ（伝手《つて》）もコネも、専門の技《わざ》もなければ、工場労働者になるしかない。私は九州の田舎者だから、なんとか大学を出たら、銀行員という労働者になるしかなかった。東京という都会に流れ込んできた田舎者だ。それは移民（マイグラント migrant ）だ。

資本家（経営者）は貴族さま（ロード Lord ）から大きな土地（農地）を借りるんですよ。そして何百人も日雇い労働者の貧農《ひんのう》（ペザント。水呑《みずの》み百姓。農業プロレタリアート）を雇って、農場経営をする。そして農産物の売上げの半分の利益（賃料《レント》）を貴族さまに渡す（払う）。これがジェントルマンの始まりだ。フランス語ならブルジョアジー（旦那衆《だんな》）という。だから、大規模工場ができる前は、集団農場の経営が中心だった。それをやったのがジェントルマンたちだ。彼らがやがてそのうちに工場経営者（＝資本家《カピタリスト》）になっていった。こう書くと分かりやすいでしょ。この

ジェントルマン階級は、直訳すると、人に優しい人《ジェントル・マン》であるが、日本の学者たちが「郷紳《きょうしん》」と訳した。

「レイディーズ・アンド・ジェントルメン」となった。本当はレイディ（Lady）は、貴族《ピア》（準男爵《バロネット》から上）の奥様でないと使えない女の称号だ。「ロード・アンド・レイディ」だ。なぜ、このように気軽に使うようになったのか、今、ふと考えて、私にも分からない。おそらく、絶対に王族や貴族がいてはいけないアメリカ合衆国（今でもそう）で、「女のレイディ呼びぐらいはいいだろう」と、ヤンキーのアメリカ人たちが使い始めたのだろう。コトバというのは、どれもひとつずつ、こういう複雑な由緒《ゆいしょ》と慣《なら》わしを背後に持っている。

まだ近代工場制で繊維業や鉄鋼業が始まる前の農業中心の世の中で、貴族さまの中で、能力のない者は、苦労は人に任せて、自分は決まった賃料、賃貸し料（レント）がもらえれば、それでいいわけだ。そうすると、ジェントルマンという日本の名主《なぬし》や庄屋《しょうや》のようなやつが現れて、貴族から土地を借りて、農民を３００人、

５００人、雇って、自分のところでこき使って利益を出した。これをリース・ホールダー lease holder（賃借人）という。リースというのはこれなんですよ。家賃はレントという。だからリース・ホールダーは、貴族から大きな土地を借りて、農場経営をする者たちで、自らジェントルマンと名乗った。

自分の農地を持っている農家（farmer ファーマー）は農場主だ。今の北海道では、もう自分で酪農を営めない人は、大きな酪農家や企業に雇われてゆく。自分で経営をできない人は、もう別の従業員になる。生産の他に、出荷、販売、利益出し、は大変なことだから。その代わり、給料が毎月20万円とかもらえる。そういう農民たちがたくさんいる。もう農業者扱いではないだろう。サラリーマン（給与所得者）だ。法人（企業）の従業員と同じだ。そういうふうに雇うか、雇われるかになる。「人を食わせてやる」ということだ。私はここまでずっと経営者（資本家）の嫌な面ばかり書いてきた。だが、これが真実だ。それでも従業員を食わせるというのは大変なことなんですよ。ワルって言えばワルなのだ。いい人（ジェントル・

マン）と言えば、いい人だ。

だから、マルクスの社会主義思想というのはここから出てきた。昔は、16時間も働かせられて、みんな30歳ぐらいで死んでいた、本当に。１８４０〜１８８０年ぐらいにヨーロッパで労働運動が起きた頃、だいたい労働者は結核で死んだのだ。30歳ぐらいで、炭鉱夫でも何でも。頑丈で、生来元気なやつは死なないんだけどね。日本も同じで、江戸時代とか、だいたい寿命は30歳ですよ。え、そんな、まさか、と言うな。明治になってから40歳になった。大正昭和で50歳。人生50年。それで戦後、ようやく寿命（余命）は60歳だ。

今から50年前、私が小さい頃は、60歳ちょっとで、老人はほとんど死んでいたもの。それが今、80歳、90歳になっちゃって。どうしていいか分からなくなっている。今度は、長生きし過ぎ問題になってしまった。すべては余剰、過剰になってしまった。人間がやることは、どうしてもどこかで、行き過ぎ、やり過ぎ、というこ

とがある。最近は「オレは120歳まで生きるぞ」というアツカマしい人が増えている。勝手にどうぞ、だ。

だから、どこら辺がちょうどいいのかな、という課題がある。人間は動物の牛とか豚とか鶏とかを、大量に殺して、何百万頭も何千万頭も死ぬほど食べて、動物をいっぱい食用に殺してきた。それなのに、自分だけは長生きしたい、という。人間様《さま》だから（これを人権《じんけん》、ヒューマン・ライツと言う）。人間のこの底知れない欲の深さ、強欲は、きっとそのうち天罰が落ちるだろう。

この野郎。人間め、いい加減にしろ、と本気で私は言いたい。なんでヒューマン・ライツ（人権、人権）で人間ばっかりが、そんなに尊《とうと》いのか。いい加減にしろ、と私でも思う。みんな80歳ぐらいで終わりにすべきなのだ。どうせ体のあちこちにガタが来て、痛い、痛い、なのだ。それをボケたまま90何歳まで生きる、生かす。というのはあんまりだ。今、百歳を超えた人が日本だけで6万人超いるらしい。

人間の動物いじめ、自然環境破壊をこの辺で止《と》めなければ、というところからべ

ジタリアン（菜食主義者）が生まれた。その中の一番激しいのをヴィーガンという。五色豆《ごしきまめ》しか食べません、みたいな人たちだ。それは当然、そうなりますよ。お肉がおいしい、酒がおいしい、と、人間はワーワー言っているけど、動物にしてみたらたまったものではないですよ。人間というのは、本当に暴力団を通り越して悪魔なんじゃないのかなあ、動物たちからしてみれば、本当に。

きれい事を言わない

自分が入った会社がブラック企業だと気づいたら、急いで逃げる準備をしたほうがいい。すぐ準備を始める。

お金を少し貯めてから逃げるとかではなくて。次のステップとして、移れそうな会社があったら、いつでも移る準備をする。こういうことは本当に急いでしなければいけない。まさしく転職の自由だ。もう他人のことなんか放っておけ。一緒に逃

げるわけにいかないんだ。まず自分ひとりを守ることに、全力を投入する。苦しい環境の中では、まず自分だけを守る、という考えが大事だ。人のことは、人それぞれで。どういう運命が待っているにせよ、みんな自分で判断するしかない。人のことに構っていられない。まず自分を救《たす》け出さなければ。私は10代の頃から、この考えで生きてきた。そして、ここまで生き延びた。今も苦しい。今は、自分以外の、世の中のこと、他の人たちのことまで考えないと済まない立場、職業になってしまったからだ。だが、そんなのも嘘《ウソ》（虚構《フィクション》）で、本当は自分のことだけで死んでゆく。

目の前の現実の世界で起きているイヤなことから、自分だけ逃げろ。先を予測して、どうもきな臭いとか、このままここにいたら危ないなとか、いいことはないと思ったら、その場から立ち去ることが大事だ。とにかく事件やトラブルの現場に居ない、ことだ。逃げられる、と思ったときに逃げる。これは、きれい事を言わないという思想で、私にとって大切な考え方だ。

私は過激な社会主義者で、新《しん》左翼で、貧乏人、人民の味方で生きてきたけど、志だけはそれを貫いたけども、でも20代でサラリーマンをやって生きると決めた頃は、もうこの民衆救済の思想は捨てていた。社会主義思想や、左翼の思想などは、自分が生きていくのに必死だった時には、自分の為《ため》にならなかった。それらはイデオロギーという名の宗教だった。自分に生活の余裕が出来るまで、私はそれらの考えは停止した。きれい事を言うのはやめた。

40代になって、物《もの》書き言論人になってから、私はまた左翼、反体制、反権力の人間に戻った。生活に余裕が出来たからだ。原稿を書いて、それをお金に換《か》えることができるようになったからだ。自分はこれで生きてゆける、という自信がついたからだ。孟子《もうし》が言った「恒産なければ恒心なし」で、収入が安定して、生活が安定しないと、公共言論（世の中のみんなのための言論）など成り立たない。「こいつ、何を偉そうなことを言って（書いて）いるんだよ」と思われないで済むような、それなりの立場を築いてからでないと、社会的発言はできない。

もう60歳を越した私は、世の中の為《ため》、みんなのために、隠されている大きな秘密を暴き立てる文章（と本）を書くことで闘っている。それで生活も出来ている。だから私は言論（本《ほん》）で闘う人間になって、闘うことが期待されているから、闘っている。本当は、私の内側では何かが壊れていて、もう無理だよ、と大きな幻滅がずっとある。社会主義社会という、人間が皆、平等に生きてゆける世の中への理想はあったけれども。「それらはイデオロギーという名の宗教であって、実現はほぼ不可能」と20代から考えるようになった。

1930年代に、ソビエトが、たくさんの共産党幹部たち（約50万人）を殺して、残りをシベリアや収容所送りにして「収容所群島《ぐんとう》」（作家ソルジェニーツィンの言葉で本の名前。1973年刊）になって、狂った者たちによる極端で急進的な理想社会の実現を目指した。レーニンと、そしてそのあとのスターリン主義で、たくさんの人が殺された。

それを引き継いだ中国が、まったくソビエトと同じことをやった。1958年か

ら1962年の「大躍進運動《だいやくしんうんどう》」というのを、毛沢東がやって、2300万人が死んだ。そのほとんどは餓死した農民だ。この数字は世界中の学者たちの統計の数字だ。ほぼ認められている。そのあとさらに、4年後の1966年から1976年までのちょうど10年間が、文化大革命だ。このときに6000万人とか、7000万人の死亡説とかある。やはり餓死した農民が一番多い。政治的弾圧で死んだ中国共産党の幹部だった者や知識人たちは、200万人ぐらいだろう。こういうひどい経験を人類はやってしまった。

本当にやった。つい50年前の話だ。私の少年時代から大学生の時だ。私は、その様子を、白黒テレビのボヤけた画像で、NHKのニュース番組で見ていた。あれは実験だったのだ。人類の壮大な実験《エクスペリメント》。そして大失敗した、人類は。それが、今の私たちの現代と現在、にものしかかっている。社会主義、共産主義の大実験は失敗したのです。このことを、みんなもっと口で言わなければいけない。

だから、私もまた、あの時代を生きた人間のひとり（私は中国の指導者、習近平《しゅうきんぺい》と同年の1953年生まれで、同年齢だ。65歳）として、左翼政治思想に大きくダマされた。これは暴力団や宗教団体に入るのとは少し違う。宗教団体に入信するのとは、ちょっと違う。私たちの場合は、頭のいいインテリが罹《かか》る病気だ。若い時、ドストエフスキー（1821－1881）が、時代の先駆者として罹った病気とまったく同じものだ。「かわいそうな民衆を救済しよう」として、本当は自分のほうが、実際の民衆よりも、もっと惨めな状態に置かれた。実際の国民、大衆は、インテリ（知識人層）よりもずっといい暮らしをしている人がたくさんいる。

暴力団とも違いますね。悪に手を染めて犯罪をしてきたわけじゃない。そして過激な政治思想にとらわれて、そこで本気で生きると、ついてまわられるのですよ、亡霊に。影法師です。ずっとあとになっても、後ろからついてくる。私も日本の警察の公安警察のブラックリストに今も入っている。どこの組織にも入ったことはないのに。何故だろう。私が銀行をやめるときに、人事部長だった立派な人が、「あ

なたを採用して、しばらくして警視庁の公安警察官が来ましたよ。なぜ採用したんですか、と聞かれました」と教えてくれた。この人は本当に立派な人格者だった。戦後の一橋大学を出た人だった。私はこの人のことを想うと、神さまというのはいるんだな、と思う。

警察がやったことは、私への嫌がらせだ。こんなやつは早く辞めさせろ、ということだ。「なぜ採用したんですか」と、これだからね。そういうものですよ、国家や政府がやることって。

今は、私は今は物書き、評論家だから、強いですからね。全国に何万人かの読者のお客様がいてくれるから、私の生活が成り立っているわけで。1冊1600円の本のたった一割の160円の著作権料を払ってくれる。それを印税《いんぜい》というヘンな言葉で今も呼んでいる。明治、大正、昭和の途中までは、本当に本の終わりのページに著者が自分の印鑑を一冊ずつに捺《お》したらしい。

それだから私は強い。組織の中にいる人間たちよりずっと強い。私の本を一冊

買ってくださる国民のみなさんから、1冊160円もらいます。そこから税金の分を2割引かれると、130円ぐらいかな。これをかき集めて、私は生きている。作家（小説家）や漫画家もまったく同じ。

このことは、大きな洗剤や生活身の回り品や衛生品の会社が、歯ブラシやらシャンプーやら化粧品やら殺虫剤やらをスーパーマーケットで売っているのと同じだ。一個売れたら、企業は20円とか儲かる。薄利多売の、国民みんなを相手にしている大企業だ。ユニ・チャームとか花王とか、アメリカのP&G《ピーアンドジー》（プロクター・アンド・ギャンブル）やジョンソン&ジョンソンですね。

これらの会社のすごさがある。洗剤やおむつ（ダイアパー）を一個売って何十円の世界でしょ。この強さが大企業の強さだ。国民生活にとっての必需品だからね。大事なことは、必需品になることです。嗜好品《しこうひん》で、特殊な趣味の世界の、高価な品は要らない。なくてもいい。それらのほうが値段は何十万円とかで高いんだけど。私がきれい事を言わない、というのはこのことだ。気取って、澄《す》ました、偉い作家

の先生、になんか、私は金輪際《こんりんざい》ならない。金輪際というのは、仏教用語で、最低の地底《じぞこ》の世界のことだ。

最近は余裕ができたから、奥さんとオペラを見に行ったり、歌舞伎を見にいったりしますけどね。そんな余裕ができたのは最近のことだ。

サラリーマンも自営業者になる時代

だから、職人さんになる、というか、もう一回みんな職人になることを目指すべきだ。「腕に職をつける」というコトバは江戸時代に出来ただろう。正しくは「修《しゅう》練《れん》して技《わざ》（技術）を身につける」ということだろう。

フリーランサー（ freelancer ）という言葉がある。専門職で、あちこち転々と職場を替えて生きてゆく人たちだ。ランス lance というのは槍です。一本の槍を持って、具足《ぐそく》を自分で整えて、兵隊としてあちこちの王様（大名《だいみょう》）のところに、あ

る期間の雇われの傭兵《ようへい》で雇われていくんですよ。自営業、セルフ・エンプロイドself-employed とも言う。自営業者の道を目指すしかない。大企業でも、おそらく今は多くの人が企業内の個人事業者になっているでしょ。いろんな職種が。会社がもう雇いきれないとなったら、お前自身が持っている専門職の分野で、会社から仕事が来る分の収入で、やってくれ。歴史的に歩合《ぶあい》制の社員だ。本当は証券会社（株屋《かぶや》）なんか、歩合だけでよかったんですよ。本人の能力だけですから。お客さんを大事にする、というか、ダマさないで儲けさせる力というか。その手数料で食べていたわけでしょ、営業職とはそういうものだった。それが株屋である証券マンが、大企業のエリートサラリーマンになってしまって、終身雇用で、定額制の給与にした。このこと自体が間違いだった。やっぱり、もともとの自営業者に戻っていくべきなのだ。今はもうそういう時代です。

大企業が今もたくさん有るようにみえる。だがよく見ていると、その内部で人間

の異動がものすごく激しい。東芝が危なくなったときに、東芝の本社までの道の広告に「トヨタに来ませんか」と宣伝が出ていたんだってね。優れた技術開発力を持っている有能な従業員たちを、引き抜こうと誘いかけたのだ。どこも人材を欲しがるわけだ。優秀な人材募集、とか言って。そうなると、では、優秀ではない、たいした知能、頭脳もなく、上手に人を騙《だま》す能力もない大半の人たち（営業職）は、どうなってゆくのか。という問題にまた戻ってゆく。これで世の中はグルグル回ってゆく。評論家である私が、こんな文章を書いて、それでどうなるんだろう。何か意味があるのかな、と疑問に思う。だが、私だってこう、い、い、いうことの専門家で、プロフェッショナルだから、ここではもう突っ張る。

韓国の企業は30年前からもっとすごかった。日本の大企業の優秀な技術者（エンジニア、テクニシャン）たちを、目標（ターゲット）にして、各社の開発部《セクション》の社員の名前まで細かく調べ上げて、そして一本釣りにした。土日の休日だけ韓国のサム

スンに、ほっかむりして日本人の大企業技術者たちが行っていた。このことを証言した人がいましたね。そこそこ週末だけ韓国に飛行機で行った。日本の会社の現役の社員が、だよ。20年前に起きていたことだ。特別いい収入をあげます、と。現役の日本の大企業の社員がそういうことをしていたのだから、組織の裏切り者だけどね、組織から見たら。そして愛国者でない、となる。

しかし、それは日本の大企業が、あまりにも理科系の優秀な技術者たちにヒドい待遇をしたから、こういうことになったのだ。さらに定年退職したあとは、3年ぐらい、中国の企業に年収3000万円とかで雇われて、技術移転、技術流出をした。こうやって日本の先端技術は、ほとんどすべて中国に泥棒されていった。「自分が教えなくても、どうせ他のやつが教える」と。

もう中国の勝ちだ。アメリカも日本もヨーロッパも、おそらく先端技術の移転では中国にすべて盗《と》られた、らしい。文句を言ってももう遅い。

私はまだ、人間として薄《うす》汚れていない。真正面から突っ込むように生きてきた。だから平気で、こういう真実を書き殴《なぐ》ることができる。ただし歳をとった。その分、人間が丸みを帯びてきた。正義感だけでやると失敗する。人助けを単純にやろうとすると失敗する、と分かっている。

やっぱり経済法則。ナチュラル・ラーとか、エコノミック・ルールというのがあって、お金儲けを前提にして社会が成り立っていることを無視したらいけない。金儲け、利益を出す、というところを中心にものを考えざるをえない。志《こころざし》や決意だけではどうにもならない。だから出資者、お金を出してくれる人を募るというのも大事だ。ホリエモンなんかも、自分自身を公開している。資金（お金）を集めている。株式上場《リステッド》しているわけではなくて、この自分に投資してくれという仕組みがある。そこに税務署が入ろうとして、またぐちゃくちゃになっているらしい。

独立系のファンド（私募債《しぼさい》）という考え方は、「私があなたの代わりにあなたのお金を運用してあげましょう」なんだけど、ちょっと間違うと、詐欺師だ。金融サ

ギだ。出資者を募るわけだ。あなたを信用して、あなたがやっているプロジェクトに私は資金を出しましょう、となる。成功して大きくなったら、その分、大きな配当（ディビデンド）となって戻ってくるだろう、と。こういう考え方だ。ただし、資金の移動を不特定多数を相手にやると、それは金融商品を扱う事業（ビジネス）になる。仮想通貨（クリプト・カレンシー）と同じように、登録をしなければいけませんとか、金融庁が厳しく管理します、となる。

ただし、友達、友人、親戚から資金を出してもらっています、は自由なんですよ。国家、政府の規制、監督は受けない。お金を預けるという場合に、特定の人間関係で信頼関係がある場合は、政府が介入してはいけない。一般の社会全体を相手にしているわけではないから。このことは覚えておいたほうがいい。不特定《ふとくてい》かつ多《た》数《すう》、すなわち相手が不特定でかつ多数の人を相手にするときだけ、商業活動（営利事業）になる。そのときだけ、国家、政府は、偉そうに、規制をする権限がある。なぜなら、公共《こうきょう》の秩序に関わるからだ。交通規制と同じだ。それに対して、個人

の知り合い関係、友人関係でやることには、国家は介入できないんですよ。ここが大事なところ。

だからたとえば、宗教団体とか、趣味の会とか、同好会は、自分たちで勝手に作る宿泊施設に、旅館業法の適用を受けないんですよ。潰れちゃった旅館や大きな別荘を安く買って、友達や仲間が集まって泊まりに来る。そこから経費として1泊4000円をとっている。これは営利（営業）活動にはならない。あくまで、非営利の同好会としての活動だ。だから、旅館業法の、シーツは必ず毎回替えろとか。火元責任者とか、なんとかかね。その規制がない。しかし、宣伝して、誰でも泊まれます、とやると問題になる。ここの違いですね。仲間内でお金を集めて何かやる行為は、政府、役所は関わりません。内部で責任をとってください、となっている。こういう知識も大切だ。もう、この辺でやめにしましょう。

あとがき

私は、実用書は書けない、とずっと思ってきた。それでも今回、書いてみようと思った。実用書とは、世の中の人々の生活の役に立つ、実用の知識や情報をコンパクトにまとめて、「役に立ちますよ。さあ読んでください」という本だ。もっと簡単に言えば、ハウツー本のことだろう。これ以上のことは分からない。

私は、何か偉い先生が、高みに立って、偉そうに「拙者が皆の衆に教えて進《しん》ぜよう」という本はもう書きたくない、と思うようになった。

今は、「上《うえ》から目線《めせん》で何か言う」のが、一番嫌われる時代だ。もうひとつ、「お前が、それを言うな」、「お前にだけは、言われたくない」というコトバがあって国民によく使われている。私はこのことを察知して知っている。

ということは、私のような爺《じじい》が、上から目線で、偉そうなことを書いてはいけない、となる。それで、私はハタと困った。それなのに、自分から言い出して、この新書を丸々一冊、実用書を書かなければいけない。しかも、これまでに私が書いてきたものとは違う、何か新しいことを書かなければいけない。私は、この３ヶ月間、七転八倒《しちてんばっとう》して苦しんだ。そして出来たのが、この本だ。

私はもう、ムズかしいことを書きたくない。威張りたくないんだ。偉そうなことは書きたくないんだ、もう、そんなのには飽《あ》きたんだ、とブツブツ言いながら、書いたのがこの本だ。脱「威張《いば》りん坊《ぼう》」という新しいアイデアでやってみた本である。

それでも、何とか。読んでくださる人々（読者）のお役に立てそうなこと、生活の知恵のヒントになることを書かなければ、お客様（読者）に申し訳が立たない、と思いながら書いた。

ということで、物《もの》書き人生30年の私が書いた、この本は、初めての実用書である。書かなければよかった、と今頃言っても、もう出版社が待ち構えているから、原

稿を渡さなければ済まない。世界的な異常気象で、40℃の炎暑と言われる中で、やっとのことで書き上げました。

＊　＊　＊

この本を書くにあたって、ＫＫベストセラーズの鈴木康成氏のご配慮をいただいた。担当してくれて、まるで競馬馬《うま》（私）、の調教師のようであったのは小笠原豊樹氏である。記して感謝します。

２０１８年７月末

副島隆彦

副島隆彦（そえじま　たかひこ）

評論家。副島国家戦略研究所（SNSI）主宰。一九五三年、福岡県生まれ。早稲田大学法学部卒業。外資系銀行員、予備校講師、常葉学園大学教授等を歴任。政治思想、法制度、金融・経済、社会時事、歴史、英語研究、映画評論の分野で画期的な業績を展開。「日本属国論」と米国政治研究を柱に、日本が採るべき自立の国家戦略を提起、精力的に執筆・講演活動を続ける。主な著書に、『世界覇権国アメリカを動かす政治家と知識人たち』（講談社）、『属国・日本論』（五月書房）、『余剰の時代』『日本が中国の属国にさせられる日』（共にKKベストセラーズ）、『老人一年生』（幻冬舎）、『銀行消滅』（祥伝社）、『今の巨大中国は日本が作った』（ビジネス社）、『迫り来る大暴落と戦争〝刺激〟経済』（徳間書店）等がある。

傷だらけの人生

ダマされないで生き延びる知恵

二〇一八年九月二十日　初版第一刷発行
二〇一八年十月二十五日　初版第二刷発行

著者◎副島隆彦《そえじまたかひこ》
発行者◎塚原浩和
発行所◎KKベストセラーズ
東京都豊島区南大塚二丁目二九番七号　〒170-8457
電話　03-5976-9121（代表）

装幀◎坂川事務所
印刷所◎錦明印刷株式会社
製本所◎ナショナル製本協同組合
DTP◎株式会社オノ・エーワン

Soejima Takahiko, printed in Japan, 2018
ISBN978-4-584-12587-8 C0295

ベスト新書
587

西脇俊二（にしわき・しゅんじ）

医師。ハタイクリニック院長。弘前大学医学部卒業。１９９１年、国立国際医療センター精神科。92年、国立精神・神経センター精神保健研究所研究員。96年、国立秩父学園医務課医長。大石記念病院、皆藤病院勤務を経て、２００９年、ハタイクリニック院長就任。10年、European University Viadrina非常勤講師。テレビ出演やドラマ、映画の医療監修でも活躍。『ハードワークでも疲れないカラダを作る糖質制限２・０』（ＫＡＤＯＫＡＷＡ）など著書多数。

ベスト新書
594

ビタミンC点滴《てんてき》と断糖療法《だんとうりょうほう》で
ガンが消《き》える！

二〇一八年一二月一〇日　初版第一刷発行

著者◎西脇俊二《にしわきしゅんじ》

発行者◎塚原浩和
発行所◎ＫＫベストセラーズ
東京都豊島区西池袋五-二六-一九
陸王西池袋ビル四階　〒171-0021
電話　03-5926-5711（代表）

企画◎株式会社マスターマインド
編集協力◎伊藤あゆみ
装幀◎坂川事務所
印刷所◎近代美術株式会社
製本所◎ナショナル製本協同組合
ＤＴＰ◎株式会社三協美術

ISBN978-4-584-12594-6 C0295

※本書は小社より刊行された『ビタミンC点滴と断糖療法でガンが消える―死の宣告から救った医師と甦った患者たち』（西脇俊二　２０１４年）を加筆・修正のうえ、新書化したものです。